マルクス・毛沢東のスピリチュアル・メッセージ

衝撃の真実

大川隆法

Ryuho Okawa

まえがき

思想の世界、現実政治の世界、双方《そうほう》で、マルクスも毛沢東《もうたくとう》も、巨人として現代でもそそり立っている。しかし、その巨人の実像、真実の世界から見た実績判定、そして死後の真価についていては、自信をもって述べることができる人はいないであろう。

本書は、極《きわ》めて、極めて、重要な本である。保守層のみならず、左翼《さよく》系の人々にも、心を落ちつけてじっくりと読んで頂きたいのである。いたずらに宗教に偏見《へんけん》を持たず、「真実とは何か」「正しさとは何か」という観点《かんてん》から、真面目《まじめ》に読んで欲しいのである。

日本の向かうべき方向が、はっきりとわかることだろう。

二〇一〇年　五月十三日

幸福《こうふく》の科学《かがく》グループ創始者兼総裁《そうししゃけんそうさい》　大川隆法《おおかわりゅうほう》

マルクス・毛沢東のスピリチュアル・メッセージ　目次

第1章　死後のマルクスを霊査《れいさ》する

二〇一〇年四月四日　マルクスの霊示

第2章　毛沢東が語る「大中華帝国《だいちゅうかていこく》」構想

二〇一〇年四月五日　毛沢東の霊示

第1章

死後のマルクスを霊査《れいさ》する

二〇一〇年四月四日　マルクスの霊示

カール・マルクス（一八一八～一八八三）
ドイツの経済学者、哲学者《てつがくしゃ》、革命家。エンゲルスとともに、ドイツ観念論《かんねんろん》哲学等を批判的に取り入れて科学的社会主義を創始した。一八四八年、『共産党宣言』を発表。主著は『資本論』。なお、本来は、現実的社会改革のために、天上界より送り込まれた光の天使（菩薩《ぼさつ》）である。

［質問者五名は、それぞれA・B・C・D・Eと表記］

1　マルクスの死後の行き先を調査する

大川隆法　最初に、私から簡単に前置きをしておきます。

今日は、共産主義の創唱者であるカール・マルクスの霊言《れいげん》に挑戦《ちょうせん》してみようと考えております。この人の思想によって、共産主義、あるいは、その少し手前の段階といいますか、その亜流《ありゅう》である社会主義が、ここ百五十年ほど、世界に広がりました。地球の半分ぐらいまで覆《おお》ったものと思われます。

私は、一九八六年に、『黄金の法』（幸福の科学出版刊）を書きましたが、そのなかに、「マルクスは地獄《じごく》に堕《お》ちている」というような記述があります。

つまり、幸福の科学は、基本的に、「共産主義的なものは間違《まちが》っている」という考え方を打ち出しているのです。また、幸福の科学から支持を受けている幸福実現党も、基本的には、対決姿勢でもって政策等を立てております。

一方、共産主義国であったソ連邦《れんぽう》は崩壊《ほうかい》しましたが、中国等はまだ健在であって、建前かもしれませんけれども、中国十三億の民《たみ》にとって、マルクスはまだ〝御本尊《ごほんぞん》〟のような存在なのです。

ですから、『黄金の法』の中国語訳を出すに当たっても、向こうの当局は、「マルクスは地獄に堕ちているという記述については、削除《さくじょ》せよ」という態度で臨んできております。

私たちとしては、「できるだけ、知的に正直でなければならない」と思っていますし、この記述自体、大きなニュース性と同時に、思想的な重大性も含《ふく》んでいると思います。

したがって、今回の霊的な調査の結果、万一《まんいつ》、一九八六年の段階で、霊示《れいじ》によってあっさりと書いた「マルクスは地獄に堕ちている」という記述が間違っていて、「彼の思想もまた、神が計画した一つの潮流であった」ということが判明したならば、潔《いさぎよ》く修正をかけねばならないと思います。

マルクス主義そのものも、全世界ユートピア運動を目指していたことは間違いありません。同じくユートピア運動として「幸福革命」を起こそうとしている当会にとって、マルクスの事例は、一つの参考モデルか反対モデルか、どちらかにはなるはずです。そこで、これを調べてみたいと思っております。

あるいは、一九八六年の段階では、「地獄にいる」と書きましたが、その後のソ連邦の崩壊や、中華《ちゅうか》人民共和国の資本主義化の推進等で、彼自身の境遇《きょうぐう》が変化して、例えば、「現在、天上界《てんじょうかい》に上がっている」とか、「光の天使の世界に、もう還《かえ》ってきている」とかいうようなことも、ないとは言えませんので、このあたりも調べてみる必要があると思います。

私は、霊示として受けたものを書いて、そのまま発表しておりますけれども、直接、マルクスを招霊《しょうれい》し、直談判《じかだんぱん》で話をするといった霊査《れいさ》はしていないので、今日、トライしてみたいと思います。

ただ、霊査が、きちんと成功するかどうかは、マルクスの霊を呼んでみないと分かりません。

光の天使等でしたら、外国人であっても、私の言語中枢《ちゅうすう》を通じて、日本語で語ることができますが、普通《ふつう》の四次元、五次元レベルの外国人の場合、日本語は話せません。また、外国人の地獄霊も、一般《いっぱん》には、日本語を話すことは、ほとんどできません。ただ、地獄霊でも、悪魔《あくま》クラスになると、私の言語中枢を使って、日本語で語ることができるようになっているようです。

本日は、二〇一〇年の四月四日、日曜日です。私は、日中、日暮里《にっぽり》の初転法輪《しょてんぽうりん》記念館で、午後二時から三時まで、一時間ほど、記念法話をしてきております。その日の夜、つまり、今、大悟館《たいごかん》にて実験をしようとしております。

そういう意味で、霊能力的にも体調的にも必ずしも万全ではないと、自覚はしております。

もし、これから呼ぶ霊が、悪魔的なる性質を持っているものであるならば、言葉巧《たく》みに語って、騙《だま》そうとする可能性があります。その場合、質問者は、上手に質問して、それをジャーナリスティックに見抜《みぬ》かなければいけません。悪魔は、光の天使のように語ることも、ある程度、可能ですので、質問をしながら、そのあたりを鋭《するど》く見破っていただきたいと思います。

あるいは、単に苦しんでいるだけの霊である可能性もあります。その場合は、どこかの段階で、めどをつけなければいけないと思います。

また、ドイツ語以外、通じないかもしれません。ただ、マルクスは、ロンドンにいたこともあり、『資本論』は、毎日、大英図書館（現大英博物館図書室）に通って、調べものをしながら書いたはずなので、英語も多少はできるのではないかと思いますが、通訳を使わなければならないかもしれません。

以上を前置きとして話した上で、本邦初《ほんぽうはつ》の「マルクスの霊言」に挑戦してみます。これは、非常に重要なことであると思うし、今後の幸福実現党等の戦いにおいても、肝心《かんじん》なことではないかと思います。

では、マルクスの霊を呼んでみます。（質問者に対して）覚悟のほうはよろしいですか。

マルクスは、世界の半分を支配した思想の創唱者です。悪魔になっていれば、大悪魔が出てくる可能性もないわけではないし、もし光の天使が一定の使命を持って説いたのであるならば、予想外の結果が出るかもしれません。

では……。

（十回深呼吸する）

『共産党宣言』『資本論』等を、お書きになった、カール・マルクスの霊よ。

『共産党宣言』『資本論』等を、お書きになった、カール・マルクスの霊よ。

ここ大悟館に降霊《こうれい》したまいて、われらに、あなたの考えをお聴《き》きするチャンスを与《あた》えたまえ。

カール・マルクスの霊よ。

コメン・ジィー・ビッテ・カール・マルクス。（カール・マルクスよ、来てください。）

コメン・ジィー・ビッテ・カール・マルクス。（カール・マルクスよ、来てください。）

イッヒ・ハーベ・アイネ・フラーゲ。（質問があります。）

コメン・ジィー・ビッテ・カール・マルクス。（カール・マルクスよ、来てください。）

（約七秒間の沈黙《ちんもく》）

自分が死んだことが分からない

マルクス　ハッ、ウウウッ、ウッ、（二回咳《せき》をする）ハッ、ハッ、ハッ、ハッ、シッ、キッ、シッ、ティ、トッ、ウウ、アッ、アッ、ウアー、ア。

（右手で額を押《お》さえ、しばらくそのままの姿勢をとる）

ウッ、オアー、アッ、ウ、デ、アウ、アウー、アッ、ハッ、ウ、アーッ、アッ、アッ、ウウー、アー、アーデ。

ヴァ、ヴァス？（何？）

通訳　ケネン・ジィー・ドイチュ・シュプレッヘン？（ドイツ語はしゃべれますか。）
マルクス　アー、アー、アーバー、エ、ア、アア、ヴァス・イスト・ダス？（でも、これは何なんだ？）
通訳　ヒア・イスト・ヤーパン。（ここは日本です。）
マルクス　アハ、アハ？　ヤーパン？（あぁ、あぁ、日本？）
通訳　ヤア。（そうです。）
マルクス　アー、アアー、アー。
通訳　ケネン・ジィー・ハッピー・サイエンス？（ハッピー・サイエンスを知っていますか。）
マルクス　ニヒト、ニヒト。ア、アハ。（知らん、知らん。あ、あぁ。）
通訳　ナイン？（知りませんか。）

マルクス　ナー、ナー、ニヒト……。イッヒ・ハーベ・ニヒト・ツー・トゥン。（知らん。関係ない。）

（両手を振《ふ》りながら答える）

通訳　ヤア。アーバー・ヴィア・ハーベン・フラーゲン。（ええ、でも、質問があります。）

マルクス　（机を叩《たた》きながら）アハ、ア……。アー、ハ、ハ、ハ、ハ……。アー、カッ、ハッ、ウーン……。ウー……。ウーン。

大川隆法　日本語を話せないようなので、通訳の霊人を付けます。通訳を呼びますので、少し待ってください。

ドイツ系の光の天使、通訳をお願いします。ドイツ系の光の天使、通訳をお願いします。

（約十秒間の沈黙）

マルクス　ウッ、ウー、マルクス。カール、マル、マルクス。

A――　カール・マルクスさんですか。

マルクス　マルクス、デ、アル。

A――　あなたは、今、どのような世界におられますか。

マルクス　ウウ?　ウー、ナイ。ナンニモナイ。

A――　あなたは一八八三年に亡くなっています。それはご存じですか。

マルクス　知らん。

A――　死んだことは分からない?

マルクス　分からない。

A――　あなたは、今まで、そこで何をしていましたか。

マルクス　は?　そことは?

A――　今いる所はどこでしょうか。

マルクス　は？

Ａ――　あなたはどこにいますか。何が見えますか。

マルクス　何も見えない。

Ａ――　あなたは何を考えていますか。

マルクス　私は……、私は何《なん》なんだ。私は何なんだ。私は何なんだ。

Ａ――　あなたに肉体はありますか。

マルクス　は？　言ってることが……。

Ａ――　体は持っていますか。

マルクス　は？

Ａ――　体を持っていますか。

マルクス　体？　体？　体？　体って何だ。体？

A――　あなたは、生きていたころのことを覚えていますか。

マルクス　は？　「生きていた」とは何だ。

A――　あなたは、何か思想を発表しませんでしたか。

マルクス　は？　ウー。

A――　『資本論』とか……。

マルクス　おまえは何だ。何だ、いったい。

A――　私は人間です。

マルクス　分かっとるわ、そのぐらい。

A――　「幸福の科学」はご存じですか。

マルクス　知らん。

Ａ――　宗教です。

マルクス　嫌《きら》いだ。

Ａ――　なぜ宗教は嫌いですか。

マルクス　アヘンだ。人を迷わす。

Ａ――　迷わすのですか。

マルクス　迷わす。

Ａ――　あなたが迷っているのではありませんか。

マルクス　宗教が人を迷わす。

Ａ――　あなたは宗教を信じていますか。

マルクス　そんなわけないだろうが。

Ａ――　あなたの今いる世界は、迷っている世界ではないのですか。あなたは迷っていませんか。

マルクス　おまえの言うことは分からん。おまえは気が狂《くる》っておる。

A――　あなたは、今、体を持っていますか。

マルクス　おまえは何を言っているんだ。意味不明だ。おまえは精神病院へ行け。

A――　その世界に、ほかの人はいますか。

マルクス　その世界とは何だ。

A――　今、あなたがいる場所です。

マルクス　何にも分からない。

A――　誰《だれ》か周りにいませんか。

マルクス　何にも分からない。

Ａ――　では、あなたは今まで何をしてきたんですか。さっきまで何を考えていましたか。ここに来る前、何をしていましたか。

マルクス　わしはカール・マルクスだ。

Ａ――　自分の名前は分かっているわけですね？

マルクス　わしはカール・マルクス。

マルクスと〝マルクス主義〟は関係がない？

Ａ――　マルクスは何をしましたか。

（約七秒間の沈黙）

マルクス　わしはマルクスだ。本を書いた。

Ａ――　何の本を書きましたか？

マルクス　新聞を書いた。それから、『共産党宣言』『資本論』、たくさん書いた。

A――　そのあと、それらが、どのように世界に広まったか分かりますか。

マルクス　知らない。

A――　ソ連という国はご存じですか。

マルクス　……。

A――　中国はご存じですか。

マルクス　む、うん、ロシア、ロシアのことを言っているのかなあ。

A――　ロシア、そうです。ロシアで革命が起きました。それはご存じですか。

マルクス　知らない。

A――　知らない？

マルクス　知らない。

Ａ――　あなたの記憶《きおく》はどこまでありますか。

マルクス　おまえは、何をもって記憶と言っているのか。

Ａ――　あなたの思い出です。

マルクス　思い出はある。

Ａ――　どこまで思い出がありますか。

マルクス　友人はいた。エンゲルスだ。子供もいた。しかし、捨てた。生活は苦しかった。世の矛盾《むじゅん》をただした。それを書き、尊敬された。

しかし、マルクス主義とマルクスとは違う。マルクス主義は、その後《ご》、どうなったか、私には関係ない。

Ａ――　関係がないのですか。

マルクス　関係がない。

A――　マルクス主義とマルクスは、どう違いますか。

マルクス　わしは立派な人間として生きた。不幸な人々を救おうとしただけだ。

A――　マルクス主義と、あなたの考えとは、どう違っていきましたか。

マルクス　他の多くの者が、わしの考えを使って、ハ、ハ、ハ、（息が荒《あら》くなる）自分たちの、ハ、ハ、考えを代弁して、ウー、政治運動に変えただろ。わしは、やっていない。わしは何も悪いことはやっていない。

A――　悪いことは何もやっていないのですか。

マルクス　やっていない。何もやっていない。

A――　あなたは、革命を起こし、ユートピアをつくろうとしましたか。

マルクス　そこまでの意識はなかったが、少なくとも、「われらが、貧しい人々を搾《さく》取《しゅ》する金持ちどもに、資本家どもに、筆誅《ひっちゅう》を加えねば、世の中は救われん」と思った。

A――　あなたは、革命のために暴力を肯定《こうてい》しましたよね。
マルクス　どこかで、そんなことは言ったかもしらんが、わしが革命を起こしたわけではないから、知らん。
A――　ただ、あなたの思想のなかに、暴力を認める考え方はありませんでしたか。
マルクス　まあ、それは、弱い者が団結して立ち上がり、革命運動を起こすときには、いつの時代も、そういうもんじゃないか。
そらあ、強い者は、権力のなかにまで入り込み、軍隊や警察を使って、弱い者をいじめる。弱い者たちは、暴力を封《ふう》じられてしまったら、どうして革命ができるんだ。歴史的に見ても、必ずそうじゃないか。
A――　あなたが暴力革命を肯定したために、多くの人が死んでいったことをご存じですか。
マルクス　わしは「知らん」と言うとるだろ。わしは知らん。

A――　あなたの考えを信じて実行した人たちがいるのです。それは知っていますか。

マルクス　そうか。まあ、それは、わしが生きてる間《あいだ》にも、「マルクス思想」というものが広がっているのは知っていたけれども、わしからは離《はな》れて、勝手に動いて広がっていった。うん。

A――　ただ、「あなたの考え方が仕事をした」ということは言えませんか。

マルクス　ま、わしは執筆《しっぴつ》をしただけだ。うん。

マルクスの意識は一八〇〇年代で止まっている

A――　今、あなたは苦しい世界にいますよね。

マルクス　いや。

A――　苦しんでいますね。

マルクス　いやあ、知らん。

A――　最初に出てきたとき、苦しそうでしたね。

マルクス　そうか?

A――　はい。苦しそうでした。

マルクス　いや、「これが普通だ」と思った。

A――　あなたは、昔、そんな生活をしていましたか。小さいころ、そんなに苦しんでいましたか。

マルクス　いやあ、生活は苦しかった。

A――　ただ、あなたは、子供のころ、そんなに、もだえ苦しむほどの生活でしたか。

マルクス　そんなことを言われても、もう思い出せん。

A――　ただ、今、苦しいのは事実ですよね。

マルクス　うーん、分からん。これが普通のような……。

A――　そこから出たくありませんか。

マルクス　そことは何だ。

A――　あなたがいる世界です。

マルクス　分からない。おまえの言うことが分からない。おまえの言う……。

A――　あなたは死んでいるのです。

マルクス　それが分からない。何を言っているのかが分からない。

A――　では、自分の体を触《さわ》ってみてください。

マルクス　あ？　は？（右手で胸のあたりを触る）

A――　肉体はありますか。

マルクス　あるじゃないか。ほれ、何かあるじゃないか。

Ａ――　それは、あなたではないですよね。

マルクス　え？　何だかあるぞ。

Ａ――　あなたは、そういう姿をしていましたか。背広を着ていましたか。ネクタイを締《し》めていましたか。それは、あなたの服ですか。

マルクス　まあ、月日がたったのか……。よく分からない。しかし、肉体らしいものがあるぞ。うん。

Ａ――　その肉体は、あなたの肉体ですか。

マルクス　分からない。

Ａ――　それは、あなたの肉体ではないのです。あなたはもうすでに死んでいます。

マルクス　その言い方は、よく分からんなあ。「死ぬ」とは、どういうことだ。

Ａ――　「死ぬ」とは、「魂《たましい》になる」ということです。心だけになることです。

マルクス　そんなもの迷信だよ、君。何を言ってる。

A――　今の時代は二〇一〇年……。

マルクス　嘘《うそ》つき。

A――　四月四日です。

マルクス　嘘つきだあ。おまえ、人を騙すんじゃない。人を騙すんじゃない。そんなばかなこと言うな！

A――　あなたの時代に、こんなマイクやカメラがありましたか。

マルクス　（目の前にあるマイクを見て）えーっ、何だ、これ？

A――　時代はもう二〇一〇年です。

マルクス　いやあ、もう信じられん。君、宇宙人か。うん。何を言っている。今は一八〇〇年代だ。蒸気機関が発明され……。

A――　蒸気機関車ですか。

マルクス　うん。今……。

A――　蒸気機関車は、今、ほとんど走っておりません。

マルクス　イギリスは産業革命の真っ最中だ。うん。

A――　すでに終わっています。

マルクス　ん？　アメリカは南北戦争で苦しんで、今、傷を癒《いや》しているところだ。うん。

A――　いや、それも、すでに終わっております。

マルクス　ああ、そうか。

A――　はい。

マルクス　まあ、つい最近、終わったところだなあ。うん。

A――　いやいや、今、アメリカは、「オバマ」という黒人の大統領です。

マルクス　知らん。それは知らん。「リンカンが亡くなった」とは聞いた。リンカンは亡くなったが、今、誰？　誰がやって……。

A――　リンカンは亡くなったあと、どの世界に行っていると思いますか。

マルクス　知らん。

A――　あなたは死なないのですか。

マルクス　私は生きているよ。

A――　ずっと生きているのですか。

マルクス　何を言っている。生きているのに決まっているじゃないか。私が生きているということは、今、一八〇〇年代ということだ。

百数十年前のことを、二、三日前のように感じている

A――　あなたは、では、今まで何をしてきました？

マルクス　だから、一八〇〇年代だ。私は私……。

Ａ――　今、何をしていますか。何かものを書いていますか。

マルクス　いやあ、今は……。

Ａ――　最近、誰かと話はしましたか。

マルクス　いやあ。今、思索中《しさくちゅう》だ。

Ａ――　何を思索しているのですか。

マルクス　だから、「次は何を書こうか」と考えているところだ。

Ａ――　ほお。

マルクス　うん。次、書かないと食っていけないだろうが。

Ａ――　しかし、あなたは、ずっと何も食べていませんよね。

マルクス　えっ！

A――何も食べていませんよね。

マルクス　いやあ、まだ、一日、二日……。まあ、ちょっと、ひもじいような気もするが……。

A――最近、何を食べましたか。

マルクス　最近？　いや、パンとベーコンを食べたよ。

A――それは、いつですか。

マルクス　えっ？　それは二、三日前かなあ。うん。

A――どこで食べましたか。

マルクス　えっ？　それはイギリスだ。イギリスで食べたよなあ。イギリス、ロンドンだ。うん。

A――二、三日前にイギリスで……。

マルクス　うん。まあ、エンゲルスが援助《えんじょ》してくれるから、まあ、生活は何とかもってはいる。
わしの本は売れんのだよ。それがなあ、うん（舌打ち）、困っとる。

「宗教はアヘンである」と言い続けるマルクスの霊

Ａ――　分かりました。
まあ、あなたは、「死んだ」ということを理解していないようですね。
マルクス　「死ぬ」って、君ねえ。
Ａ――　はい？
マルクス　君、何か迷信に引っかかっとるなあ。何か変な宗教に凝《こ》っとるのじゃないか。
Ａ――　「宗教」というのは死を扱《あつか》うものです。

マルクス　いやあ、だから、「宗教はアヘンだ」と言うとるだろう。

A――　なぜアヘンなのですか。

マルクス　だから、ありもせぬ嘘をつくからだ。

A――　なぜ嘘なのですか。

マルクス　ありもしない世界をあるように語って、金儲《かねもう》けをするのが宗教だろうが。

A――　あなたは、あの世に気づいていないから、「そのまま生きている」と思っているのです。

マルクス　だから、生きてる人間が……、わしは生きてるんだから……。

A――　二〇一〇年になって、あなたはまだ生きていると……。

マルクス　だから、わしはまだ生きてるのに、「死んでいる」と言うおまえたちが、ペテン師なんだよ。だから、宗教ってペテン師なんだよ。生きてる人間を「死んでいる」と称《しょう》して、金を巻き上げる。それが、おまえたちの手口だ。

A――　しかし、あなたの、その考え方を変えないかぎり、あなたは苦しみ続けることになるのですよ。

マルクス　おまえはアヘンの吸いすぎだあ、なあ？　アヘンが、今、流行《はや》って、どうもいかん。アヘンを吸ったやつは、みんな、おまえみたいに頭がおかしくなる。そういう人間がいっぱい出てくる。

A――　あなたこそアヘンを吸っているようなものです。

マルクス　ん？

A――　あなたのほうが頭がおかしいのです。

マルクス　わしはタバコを吸っとるが。

A――　もう二〇一〇年なのです。あなたが死んでから百年以上がたっているのです。

マルクス　そんなの君、理解できるわけがないじゃないか。わしは、まだ生きてるんだから。わしが、どんなに長生きしたって、二〇〇〇年代まで生きれるわけがないだろうが。

A――　そうでしょう?　今は二〇一〇年です。

マルクス　ばかなこと言うんじゃない。一八〇〇年代の人間が、どうして二〇〇〇年に生きてるんだよ。ばかなこと言うんじゃないよ。

A――　だから、あなたがおかしいのです。

マルクス　君、人をばかにするんじゃないよ。

A――　だから、あなたのほうが〝アヘンを吸っている〟と言っているのです。

マルクス　君のほうが、おかしいんだよ。

A――　まあ、もう水掛《みずか》け論になりますので、これ以上、言いませんけれども。

マルクス　ううん。

Ａ――　では、あなたは、時代が一八八〇年ぐらいで止まっていると……。

今は体調が悪く病に臥《ふ》せっていると感じている

マルクス　ああ、そうじゃないの？
そう、ま、正式に、今、何日か知らないけど、一八八〇年代かな？　八〇年ぐらいなんじゃないの？　うん、うん。
いやあ、もう、新聞だってあるし、蒸気船も走ってるし、すごく近代的だし、鉄道だって、一部はあるんだ。君、今は、ものすごく発展した未来社会なんだよ。

Ａ――　そうですか。

マルクス　うん。

Ａ――　そのあと、二回、大きな世界戦争が起きました。

マルクス　はあー、知らんな。

A――　ドイツに、「ヒトラー」という人間が現れて……。

マルクス　知らん、そんなものは。

A――　滅《ほろ》びました。

マルクス　知らん、知らん。何だそれは。まったく知らん。

A――　ロシアは、ソビエト連邦という共産主義の国になり、「スターリン」という独裁者が出て、あなたの思想を実践《じっせん》し、多くの人々を殺しました。

マルクス　ふうーん。君。

A――　はい。

マルクス　あれだなあ、ストーリーテラー（語り部《べ》）の才能があるなあ。まあ、小説家になるといいよ。

Ａ――　これは事実です。

マルクス　いやあ、君は未来小説が書ける。サイエンスフィクション（ＳＦ）。なあ。君、才能あるなあ。

Ａ――　これは事実なのです。

マルクス　こんな人間に会うのは、ずいぶん久しぶりだなあ。うん。

Ａ――　私のような人間というよりも、人間に会うのが久しぶりではありませんか。

マルクス　いや、でも、つい二、三日前まで、いろんな人と会ってたような気がする。

Ａ――　誰と会いましたか。

マルクス　だから、エンゲルスとか、その他、仲間たちと会ってたからな。

Ａ――　では、その二、三日前のあとは、どうしていましたか。

マルクス　今、ちょっと体調が悪くてな。

A――　どのように体調が悪いのですか。

マルクス　うん、ちょっと体調が悪くて、何か病に臥《ふ》せっておるんだよ。

A――　病に臥せっている？

マルクス　病に臥せっている。

A――　どんな病でしょうか。

マルクス　いやあ、知らないが、ちょっと何だか調子が悪いんだよ。

A――　どう調子が悪いのですか。

マルクス　うーん、風邪《かぜ》かなあ、風邪をこじらした……。

A――　頭が痛いですか。

マルクス　うん、そうだなあ、痛いな、ちょっとなあ。うん。だから、これは、何か悪いインフルエンザかなあ。

何か、ちょっと頭が痛いし、力が出ないし、ずっと寝《ね》たきりだなあ。寝たきりの状態なのに誰も来てくれないので、今、困ってるんだ。

Ａ――　誰もいませんか。

マルクス　お手伝いがいるはずなのに、なんで来ないんだ。

Ａ――　あなたは、今ここに出てきて、少し楽になったのではありませんか。

マルクス　え？

Ａ――　楽になりましたか。

マルクス　なんで楽になるものか。寝ているほうが楽なのに決まっているじゃないか。

Ａ――　ここにいると楽ではありませんか。

マルクス　座ったら、そら、くたびれる。

Ａ――　この世界は明るくありませんか。

マルクス　え？

A――　あなたの世界より明るくありませんか。

マルクス　まあ、目が開《あ》かないよ、君。明るくて、それは……。

A――　まぶしいですか。

マルクス　うん、目が開かないよ。

A――　では、先ほどまでは、真っ暗な世界にいたわけですね。

マルクス　真っ暗って？　よく知らないが、私は寝ていたから、それは暗いさ。明かりを消してるからさ。誰が明かりをつけたんだ？

A――　あなたの世界には、明かりはないわけですね。

マルクス　ああ、そうか。明かりがないのか。そうか。

A――　真っ暗ですよね。

マルクス　なんでだ。

Ａ――　それは地獄だからです。

マルクス　それはないね。それは、君、「迷信だ」と言ってるだろうが。そんなものはないんだよ。

Ａ――　分かりました。

マルクス　だから、それは、金儲けをするために、教会の牧師が「地獄がある」と言って脅《おど》しておるんだよ。

もう、天国・地獄はなあ、この世だけにあるんだよ。貧乏人《びんぼうにん》が金を巻き上げられて、資本家に苦しめられてる、これが地獄なんだよ。なあ。

だから、炭鉱で石炭を掘《ほ》っておるような、地獄で働いてる人たちを、普通の暮らしに戻《もど》す。これが「天国へ還る」ということだ。な？　それ以外に天国・地獄はない。

だから、「天国・地獄」っていうのは文学的比喩《ひゆ》なんだよ、君。

2　マルクス思想の「三つの問題点」を検証する

暴力革命を肯定《こうてい》したことに何の責任も感じていない

A——　しかし、あなたの思想によって、「多くの人々が殺された」という事実はあります。

マルクス　それは知らんな。わしゃ何の責任もない。

A——　何の責任もないのですか。

マルクス　うん、何の責任も……。

A——　まず、あなたの責任の一つは、「暴力革命を肯定《こうてい》した」ということです。

マルクス　そんなの、書くのは勝手じゃないか。そんなもの、わしの書い……。

Ａ――　そのために、多くの人が死んだのですよ。

マルクス　それを信じたやつが悪いんだろう？　そんなもの知るか。

Ａ――　それによって、あなたは、今、その世界にいて苦しんでいるのです。

唯物論《ゆいぶつろん》・無神論は、本当に知識人の条件か

マルクス　君、さっきから、「その世界」っていう言葉をよく使うけど、わしゃ、それ、意味が分からんのだわ。

Ａ――　霊界《れいかい》です。

マルクス　だから、そんなの、今どき……。

Ａ――　信用しないわけですね。

マルクス　十九世紀に、霊界だなんて、そんなばかなこと言うんじゃないよ。ほんと、

おまえ……。

A――　分かりました。そもそも、あなたは、宗教をアヘンだと考えていることが問題です。

マルクス　まあ、そりゃ、今、心霊現象をやってる連中もいるけどさ。みんな、いかれた連中だよ。知識人はそんなものを信じちゃいけない。君、信じたら知識人じゃないよ。

何、言ってんだよ。ばかなこと言うんじゃないよ。

A――　唯物論《ゆいぶつろん》、無神論が、あなたのもう一つの問題点です。

マルクス　それ、普通《ふつう》じゃないか。それ、知識人の条件だよ。君、何、言ってんだよ。

お、水がある。

（水を飲む）

おー、水だ！　おおー。

A――　久しぶりに飲んだのではありませんか。

マルクス　おお、そうだなあ。うん。水じゃないか、これ。

（また、水を飲む）

おお。ちょっと、でも、味が違《ちが》うなあ。うん。

A――　日本の水です。

マルクス　ああ。

A――　ここは日本です。

マルクス　ああ、そうか。ちょっと味が違うんだなあ。

A――　日本という国は知っていますか。

マルクス　ん？　ヤーパン？

A――　そうです。

マルクス　ああ、うん、あるらしいな。うん。それはあるらしい。

A――　ここは日本です。

マルクス　ああ、そう。

A――　ええ。

マルクス　何だ、日本って？　何をしに……。なんで日本なんだ、ここは……。

A――　なぜ、あなたは日本にいるのですか。

マルクス　誰《だれ》が私を連れてきたんだ。

A――　あなたは霊体として来たのです。

マルクス　そうだ、船か。

A――　船に乗ったのですか。

マルクス　おまえらが船で拉致《らち》したのか。

A――（苦笑）拉致されたのですか。

マルクス　おまえは海賊《かいぞく》か。

A――いやいや、あなたがこちらへ来たのです。

マルクス　え、わしが来た？
君、イギリスから日本まで来るのは大変だよ。それは船に乗って何カ月かかかる。

A――しかし、二、三日前には、ロンドンにいたはずではありませんか。

マルクス　そうだなあ、何カ月か……。

A――おかしいではないですか。船に乗ったとしても、そんな短い日数で日本に来れるのですか。

マルクス　いや、だから、君が嘘《うそ》を言ってるんだよ。だから……。

A――ここは日本です。

マルクス　いやいや。君ら日本人が、ロンドンに来たんだろうが。

A――　あなたは日本語をしゃべっていますよ。

マルクス　んー。あれ、そう？　何だ？　何しゃべってんだ、わしは。

A――　それは日本語です。

マルクス　なんで、しゃべれる？

A――　おかしいですよね。

マルクス　なんで、しゃべれる？

A――　なぜ、あなたは日本語をしゃべっているのですか。

マルクス　分からない。なんで、しゃべれるんだ。何だ、この言葉は。いったい何だ。

A――　おかしいではないですか。

マルクス　おかしいな。おかしい……。

A――　あなたは頭がおかしいのではないのですか。

マルクス　君……。ああ、分かった。君は催眠術《さいみんじゅつ》師だ。

A――　（苦笑）

マルクス　君は催眠術を使うんだ。そういう人は昔からいたよ。うん。確かにいるんだ、催眠術師っていうのは。分かった、分かった。わしをたぶらかそうとしとるな。うん。試そうとしているのか。そうかそうか。

A――　いえ、いえ。

マルクス　フン。なるほどね。

わしが病気になってるのをいいことに、わしが日本にいると言って騙《だま》し、二〇〇〇年代だと言って……。

A――　ただ、あなたのしゃべっている言葉は、日本語です。

マルクス　な、な……。

A―― ドイツ語をしゃべってください。

マルクス　は？

通訳　ケネン・ジィー・ドイチュ・シュプレッヘン？（ドイツ語はしゃべれますか。）

マルクス　は？

通訳　ケネン・ジィー・ドイチュ・シュプレッヘン？（ドイツ語はしゃべれますか。）

マルクス　メ、メーチェン、ナ、ユ、ネ、エ、エ、エ、ア、ナ、ナ、ア、バ、バ、ヴァルム、ヴァルム……。（お嬢ちゃん、な、なぜ……。）

通訳　ヤア。（ええ。）

マルクス　エ、イッヒ・ビン、エ、エ……。（わしは……。）

通訳　イン・ヤーパン？（日本に？）

マルクス　ヤア、マ、ヤア、ヤア、ヤア、ヤア。ヴァルム、ヴァルム、アー……。（なぜだ？　なぜなんだ？）

通訳　ヴァイル・ヴィア・フラーゲン・ハーベン。（質問があるからです。）

マルクス　アー、（舌打ち）ウー、ンー……。

A――　あなたは霊なのです。それを認めないかぎり、あなたは、ずっと、このまま苦しみ続けるのですよ。

マルクス　ヴァス・イスト・ダス？（これは何なんだ？）　ウーン。アー。（軽い舌打ち）

A――　あなたは、まだ自分が霊であることに気づいていないのですね。

マルクス　なぜ、わしゃ日本語をしゃべるんだあ！　教えてくれえ！

A――　霊だからです。

マルクス　ああ……。

A――「魂《たましい》」というものがあるのですよ。あなたは本来それを知っているはずです。

マルクス　うーん、分からないなあ。

A――マルクスの前は、何という名前の人間として、生まれましたか。「生まれ変わり」は信じていますか。

マルクス　あるわけないだろう、君。キリスト教でも、それは禁じられてることじゃないか。

ヘーゲルへの嫉妬《しっと》と、観念論哲学《かんねんろんてつがく》への敵視

A――もう一つのあなたの問題点は、「嫉妬《しっと》」という心を強く持っていたことです。そうではありませんか。

マルクス　ん？　わしは社会正義しか持ってない。うん。

A――ヘーゲルに対する嫉妬はありませんでしたか。

マルクス　ヘーゲル？　かっ！（舌打ち）まったく俗物《ぞくぶつ》があ！　ほんとに、もうペテン師があ！

Ａ――　ヘーゲルのどこがペテン師ですか。

マルクス　ああ？　まあ、嘘八百……。

Ａ――　どこが嘘ですか。

マルクス　ほんとに、ありもしないことを、いかにもあるように、まあ、書いて……。ペテン師が名声を得て、ほんとに、もう……。

くそヘーゲルがあ！（舌打ち）ほんとに、あいつは世渡《よわた》りがうまいやつだ。ほんとに、ほんとに、うまいやつだ。思想家の風上《かざかみ》にも置けん。

Ａ――　ヘーゲルの思想のどこが気に入らないのですか。

マルクス　名声が気にくわん。

Ａ――　思想のほうは気に入らなくはないのですか。

マルクス　ヘーゲルの思想はだなあ、まあ、嘘が多いわなあ。うーん、嘘が多い。

A――　どこに嘘が多いのですか。

マルクス　まあ、だから、人間というのはだなあ、やっぱり、抽象的《ちゅうしょうてき》な観念論《かんねんろん》で生きられるもんじゃなくて、その日のパンが大事なんだよ、君。
それが真実だろうが。「そのパンをどうするか」が真実の思想であって、そんな頭のなかで、「ああだ、こうだ」って考えるようなのは、君、ペテン師の仲間だよ。

A――　あなたは、「パンだけで生きていこう」と思っているのですか。

マルクス　そう、人は、まず、パンのみに生きて、水のみに生きて、それからあと、安らぎのなかにくつろぐんだ。うん。

A――　「安らぎ」というのは、どのように求めるのですか。

マルクス　ええ、まあ、寝《ね》るときには安らぐわな。

A――　寝ればいいわけですね。

マルクス　うん、うん。

まずは物が大事だ。物がすべてだな。物が満たされないかぎり、人は幸福になるということはないんだ。

A――　今は非常に物が溢《あふ》れた時代です。

マルクス　それはよかったじゃないか。

そうかい。まあ、あんたが空想で言ってるとしても、よかったじゃないか。うん。

A――　ただ、本当に幸福な人は、「物があったら幸福」というわけではないのです。

マルクス　ふうーん。

A――　物だけでは幸福になれないのです。

マルクス　そんな時代を経験してみたいなあ。君は、もう、ほんとに創作がうまいからなあ。わしを騙すでないぞ。うん。

A――　残念ですが、あなたはもう死んでいるのです。

マルクス　いや、それは理解しない。それは納得しない。わしは生きてるからさ。わしは生きてるから、まだ納得しないな。

調子が悪いことは感じているよ。最近、二、三日、体調がちょっと優れないんだよ。うん。それは、そのとおりだ。

A――　その二、三日は、おそらく百年以上に相当すると思います。

マルクス　ん？　そんなこと、君、信じられるわけがないだろうが。何、言ってるんだ。

A――　あなたの周りには誰もいませんよね。

マルクス　いないよ。だから、ほっとかれて……。

A――　なぜエンゲルスは来てくれないのですか。

マルクス　いやあ、だから、今、何か、みんな忙《いそが》しいのかもしれないけど、ほっとかれてるんだよ。

A――　みんな死んでしまったのですよ。

マルクス　え？

A――　みんな死んでしまったのです。

マルクス　……えっ？　そ……、え？

A――　そうです。

マルクス　そうなのか。

A――　そうなのです。

マルクス　いや、彼にあとは全部任せてあるので、それは困るなあ。本を出版できないじゃないか。

A――　あなたの本は、新しいものはもう出ていません。

マルクス　えーっ？　じゃ、渡してある原稿《げんこう》はどうするんだ。

A――　あなたの書いた本はすでに出版されていますが、新しい本は出ていません。
マルクス　それは、「読者がいない」と言っているのか。
A――　読者はいますよ。
マルクス　いるのか。
A――　ええ。しかし、そのために、あなたは地獄《じごく》に堕《お》ちてしまったわけです。
マルクス　君の言うことは難しいなあ。君、観念論者か。ドイツ観念論者だな。ヘーゲルの回し者だろうが！
A――　（苦笑）もう結構です。では、このへんで質問者を替《か》わります。
マルクス　うん。

3　欠陥《けっかん》だらけの「マルクスの経済理論」

『資本論』は資本家と労働者の関係を引っ繰《く》り返すための哲学《てつがく》

B——　あなたは本を書きましたね。

マルクス　はあ？　ああ。

B——　どんな本を書きましたか。『資本論』は覚えていますか。

マルクス　やあ、あのころは、よく勉強したなあ。わしは天才だったなあ。うん。「よく勉強した」と思うなあ。大英図書館でいろんな資料を読んだ。「わしほどの天才は、人類史上にはいない」と思ったな。うん。

B——　あなたの本は、エンゲルスに渡《わた》した原稿《げんこう》も含《ふく》めて、すでに出版されています。

マルクス　ああ、そうか。それはよかった。それはよかった。それ、とても気になってたんだよ。
B――　そして、それらの本に、多くの人が影響《えいきょう》を受け、その後、ロシアにおいて共産主義革命が起きました。
マルクス　それは、めでたい。それは、めでたいじゃないか。
B――　それが起きたのは、一九〇〇年に入ってからです。
マルクス　あ、そう。え？　それは、ちょっと分からないんだが……。君、未来から来た人なのか。
B――　まあ、あなたから見れば、そういうことですね。
マルクス　はあ。未来人か。「タイムマシン」という考えは出ているよ。そういう考えはある。うん。「人が進化したら、タイムマシンというものをつくって、未来から過去に帰ってこれる」という考えはある。まあ、君もSF作家なんだな。ああ、分かる、分かる、分かるよ。うん。今、どんな創作をやってるんだい？

B――　それは、さて置き、あなたが書いた『資本論』は、どのような内容だったか覚えていますか。

マルクス　うーん。まあ、ずいぶん大著だったな。うん。まあ、簡単に言えばだなあ、人々が貧しくて苦しいのは、基本的に、工場主《こうじょうぬし》とか大きな土地の所有者とか、そういうやつらが、働かずに、労働者を働かせて、搾取《さくしゅ》しておるからだ。

例えば、大地主であれば、自分は畑を耕すこともなく、ほんとに昼寝《ひるね》しておってもだなあ、小作人を一日中、働かせ、上がりだけをピンはねして、大金持ちになっとる。工場だったら、「工場の所有者だ」ということで、金持ちが威張《いば》って、貧乏人《びんぼうにん》をこき使い、アリのように働かせて、ピンはねし、自分は舞踏会《ぶとうかい》で遊んでおる。

許せない社会だ。こんな正義にもとることは断じて許せない。わしは、「それを引っ繰《く》り返す哲学《てつがく》を構築せねばならんし、それが社会正義である」と考えた。

そして、わしは天才じゃから、「そういう貧しい者でも数は多い」ということに気がついたんだ。

「資本家はいるが、数が少ない。貧しい者は数が多い。この『数』に目をつけて、多数決の原理を使えば、数の力で関係が引っ繰り返る。だから、やつらに取られた富を取り返すことが可能だ。こういう革命が必要だ。これは正義であり、〝神〟の心にかなうことだ」と、まあ、こういう思想を、わしは立てて、本を書いた。

そして、能力に応じて働き、労働に応じて受け取る社会、つまり、社会主義だな、これは、まだ途中《とちゅう》の過程であって、最終目標は、もう、そういうことに関係なく、必要に応じて必要なだけもらえる世界に人が生きられるようにすることだ。これが最終ユートピアの世界であり、そういう社会をつくりたい。

働く者も働かない者も関係なく、欲しいものは手に入って、安楽に暮らせる世界。これがユートピアじゃないか。それを目指して、わしは本を書いた。

B――　しかし、「働かない人が働いている人と同じように、分配に預かる」というのは不公平ではありませんか。

マルクス　そう言ったってな、生まれ持っての貧乏人は、上がってくる方法がないし、生まれ持っての金持ちは、非常に優遇《ゆうぐう》されていて、不公平じゃないか。

銀行家の息子に生まれりゃ、銀行家になれて大金持ちになれるのに、貧乏人の家に生まれたら、働いても、そんなに収入が入らないんだから、資本家になんかなれやしないじゃないか。そういう人でも食っていかなきゃいけないんだよ。

生まれに関係なく、銀行屋の子供も、貧乏長屋《ながや》に生まれた子供も、欲しいものや、一日に食べるものは一緒《いっしょ》だよ。な？　だから、着るものも一緒、食べるものも一緒、寝るところも一緒、全部、同じようにしてやれば、それが最終的なユートピアじゃないか。これが人類の究極の目標じゃないか。

B――　しかし、誰《だれ》も働かなくなってしまったら、どうするのですか。

マルクス　ん？

B――　誰も働かなくなり、富を得られなくなったら、どうするのですか。

マルクス　う一ん……。でも、そうは言っても、必要最小限の労働は残るだろうよ。まあ、農業はなくなりはしないし、漁業はなくならないし、パンはつくらなければいけないし、衣類はつくらなければいかんだろうから、最小限の仕事はあるよ。だが、それを、みんなでだなあ、平等に負担して、平等な果実を得るということが大事だな。うん。

B――　そのためには資本家を倒《たお》すことが必要なわけですね？

マルクス　資本家は倒さなくてもいいけど、やつらに取られた富は取り返さなければいけない。

B――　ロシアでは、その革命の過程で数多くの人が亡くなりました。

マルクス　ふ一ん。

B――　これについての責任は感じませんか。

マルクス　いやあ、それは、ちょっと君の空想だから分かんないな。何を言っているのか……。

B――　そうですか。一八〇〇年代で時代が止まっているのですね。

マルクス　うーん。ロシアはまだピョートル？　いや、イワン？　これは、もっと前か。え、誰だ？　誰がやってる？　まだ皇帝《こうてい》がいるはずだが。うん。皇帝が全部、財産を持ってる。で、あとは農奴《のうど》しかいないはずだな。

レッセフェール（自由放任主義）は「怠《なま》け者の勧《すす》め」に見える

B――　では、質問を変えます。アダム・スミスのレッセフェール（自由放任主義）は知っていますか。

マルクス　ア、ダ、ム、スミス？　君ぃ、嫌《いや》な名前を出すなあ。アダム・スミスなんて、これは、きっと悪魔《あくま》だよ。悪魔だと思うな。

B――　どうしてですか。

マルクス　だってさ、彼が言っているのは、「怠《なま》け者の勧《すす》め」だよ。これは、けしからんねえ。私は勤勉に働くことを勧めとるけども、アダム・スミスはだなあ、「放っておけば成功する」なんて言ってる。そんなものは怠け者の勧めであって、あれこそ地獄《じごく》へ行ってるよ。わしは地獄を信じてないが、まあ、地獄があるとすればだけども、あれこそ悪魔だ。うん。間違《まちが》いない。

B――　しかし、結果を見てみると、アダム・スミスが説いたような自由を肯定《こうてい》したほうが繁栄《はんえい》して、あなたの説いた資本家を憎《にく》む思想のほうが、不幸や貧しさを、もたらしているのです。

マルクス　君、そんなことあるわけないだろう。あるわけないじゃないか。
だって、一部の大金持ちが、ものすごい金をもらって贅沢三昧《ぜいたくざんまい》し、ほかの人は、みんな食うや食わずの生活をしてるんだよ。だから、大金持ち一人を潰《つぶ》してだね、みんなにばらまいたら、大勢の人が幸福になるじゃないか。これが正しい思想じゃないか。

アダム・スミスが言うみたいに、自由放任してごらんよ。貧乏人は貧乏人のままだよ。決まってるじゃないか。金持ちは金持ちのままだよ。工場経営してる人は、資本にものを言わせて工場をもっと大きくし、もっと大金持ちになるかもしれないけども、工場労働者のほうは、放任されたら、そんな資本もないんだから、もう働けるだけ働かされて、働けなくなったら病気になって死ぬしかないじゃないか。

こんなアダム・スミスなんか、間違ってるに決まってるじゃないか。（机を叩《たた》く）何、言ってる。

B――　工場労働者も、工場の経営者がいなければ仕事がないのですよ。仕事がないと労働者も困るのではないですか。

マルクス　そんなもん、経営者なんかいなくたって、みんな労働組合で話を決めて、やればいいじゃないか。何、言ってるんだ。

B――　お金はどこから集めるのですか。

マルクス　（水を飲む）ああ、おいしいなあ。ああ、水は久しぶりだ。ライン川の水より、ちょっと味が……。（もう一度、水を飲む）ああ、ライン川の水よりも何だか透明《とうめい》な感じがするなあ。これ、変わった水だなあ。日本の水というのは嘘《うそ》だろうと思うが、これはライン川の水じゃないな。アルプスの水？

B――　水の味がまったく違いませんか。

マルクス　うん。これ、アルプスの水だろ？（水差しから、自分でコップに水を注ぐ）わしは水をずいぶん飲んでいないような気がする。二、三日飲んでなかった……。うん、のどが渇《かわ》いてなあ。熱が出て、のどが渇いているのに、誰も水を持ってきてくれないので、もう困ってるんだ。（さらに水を飲む）うーん。うまい。水はうまい。あ、何の質問だった？

労働価値説こそ〝人類を幸福にする黄金の法則〟と考えている

B――　あなたの思想のなかに、「労働価値説」がありますが、それは覚えていますか。

マルクス　それは、もう〝人類を幸福にするための黄金の法則〟じゃないか。おまえ、何、言ってるんだよ。そんなの知らないようじゃ、もう知識人とは言えないよ。

人は、もう平等なんだよ。人間は平等だからね、一時間分の労働は、すべて均等に一時間分の価値を生む。ね？　八時間労働したら、みんな八時間労働分の対価を受ける。わしゃ、「神がいる」とは思っとらんけれども、まあ、いたとすれば、これこそ神が肯定するであろう思想だな。

いや、わしだって、『聖書』ぐらいは読んだことがあるんだ。ま、宗教は嫌《きら》いだけどな、わしも、『聖書』ぐらい読んだことはあるよ。それで、キリストは、な、たとえ話で間違いを犯したんだよ。

大地主がだなあ、朝から働いた人に、十ペニー払《はら》う約束をして、夕方まで働いた人に十ペニー払った。そして、夕方、まあ、五時まで働くとして、四時にやってきた人にも十ペニー払った。それで、朝から働いた人が、それに文句を言った。

そうしたら、大地主は、「わしは、おまえを十ペニーで雇《やと》ったはずだから、おまえに十ペニー払うのは、別に何も正義に反することはないし、契約《けいやく》どおりじゃないか。わしが、四時に来た人に十ペニー払ったって、それの何が悪い。わしの勝手じゃないか。神様は金持ちなんだから、あとから来た人にも同じように十ペニー払ってもいいじゃないか。何が悪いのか」と言った。

まあ、こんな思想が『聖書』にはあるけど、わしは、「これは明らかに間違ってる」と思うな。

だから、「労働価値説」というのは、これが間違いだということを指摘《してき》する思想なんだ。朝の八時から働いた人と、夕方の四時から働いた人とが、同じ賃金をもらうのは間違っている。そうではなくて、一時間当たりの、人の生み出す価値は同じである。

これは農作業をやってみたら分かるよ。例えば、朝の八時から夕方の五時まで働いた人の採取したジャガイモの量と、夕方の四時から来て五時まで手伝った人のジャガイモの量とが、一緒のはずはないだろうが。それは、朝から来た人のほうがよく働いたんだよ。だから、一時間当たりの賃金は一緒だということだな。
それに差をつけないで、同じだけ金を払おうとしたキリストのたとえ話は、間違っている。
そもそも、宗教への不信感は、こんなところから始まっとるんだな。キリストは経済原理をまったく知らない。図書館で勉強したことがないからだ。だから、こういうことになる。

B――　ただ、「同じ一時間を使っても、人によって成果に差が出る」ということは分かりますか。

マルクス　うーん……。うーん。それは難しいな。
ま、わしは、「経済の原理っていうのは、基本的に、食べる物や着る物、それと、生活に必要な必需品《ひつじゅひん》をつくるものだ」と思っておるので、そういう意味においては、人の労働に、そんなに差があるとは思えない。

腕力《わんりょく》には多少の差があるからして、「重い物を持って運ぶ」という仕事であれば、男子の賃金が女子より高くなるようなことは、まあ、ある程度、分からないでもない。けれども、そんなに仕事に差が出るとは思えないなあ。うん。

B――　例えば、工場では、仕事の組み立て方を変えることによって、生産性が飛躍《ひやく》的《てき》によくなることがありますが、そのことは分かりますか。

マルクス　ああ、君の言ってることは、もう一つ、分からんなあ。

B――　分かりませんか。「同じ時間、働いても、人によって出来上がる物の量がまったく違う」ということがあるのです。

マルクス　いやあ、分からない。それは、ちょっと分からんな。

B――　それは、創意工夫によるものです。

マルクス　うーん。まあ、それは何だか詭弁《きべん》に聞こえるなあ。言い逃《のが》れっていうか、怠け者が金を余分に取るための言い訳にしか聞こえんがなあ。

B――　しかし、「同じ時間、働きさえすれば、怠けなかった場合も、怠けた場合も、必ず同じだけ給料をもらえる」ということであれば、誰もが怠けてしまうのではないですか。

マルクス　いや、人間は平等だろ？　平等だったら、同じ時間働いて、同じ給料をもらうことに、何の文句があるんだよ。だから、社長がだなあ、社員より高い給料をもらうなんて、そんなの、けしからん話だよ。同じ給料でいいんだよ。人間はみんな必要な金は一緒なんだ。一日生活する金は一緒だ。だから、差をつける必要なんかない。全然ない。うん。

学校教育の無償化《むしょうか》について、どう思うか

B――　分かりました。質問を変えます。今、この日本では、学校の教育を……。

マルクス　「日本では、学校の教育……」と言われたら、ちょっとクラッとくるんだ

が……。

B―― 学校の教育をすべて無料にしようという動きがあります。

マルクス ふーん。

B―― これについては、どうお考えですか。

マルクス それは、いいことじゃないか。ああ、いいじゃないか。無料で、いいじゃないか。教育をただでやってくれるのなら、ありがたいじゃないか。うん。それは、いいじゃない。みんな喜ぶだろう。うん。それはいいよ。

金持ちしか学校へ行けないなんて、おかしいじゃないか。な？ うん。金持ちも貧乏人も関係なく学校に行ける。それはいいことだ。

「読み・書き・計算」は大事だよ。うん。とっても大事だ。だから、ただで学校に行けたら、それに、こしたことはない。

B―― 分かりました。では、そろそろお帰りください。

4　マルクス思想の矛盾《むじゅん》を問う
平等を説く一方で、ヘーゲルやアダム・スミスは悪魔扱《あくまあつか》い

マルクス　いや、わしはまだ帰らん。

B――　（苦笑）まだやりますか。

マルクス　ほかに、いっぱい、いるじゃないか。

A――　（聴聞者《ちょうもんしゃ》に向かって）質問したい人はいますか。

マルクス　何のために、わしを呼び出したのか、はっきり釈明《しゃくめい》していただきたい。分からない。

C――　先ほど、「人間は平等である」と言われましたが……。

マルクス　うん。平等だよ。

C――　そうすると、今、あなたが「嫌《きら》いだ」と言われたアダム・スミスやヘーゲルも、あなたと平等であり、同じ価値を持った人間ということになりますが、それで、よろしいですか。

マルクス　でもね、彼らは悪魔《あくま》だからさ。悪魔はやっぱり平等じゃない。ちょっと差をつけないといけないね。悪魔は、本来、刑務所《けいむしょ》行きだ。な？　だから、地獄《じごく》というものはないけども、まあ、比喩《ひゆ》として言うんだが、やっぱり、悪魔は刑務所につながなきゃいかん。悪いやつらだからな。うん。

C――　あなたの思想は、「刑務所に入るような人も同じ人間であり、平等に扱《あつか》う」というものではなかったのですか。

マルクス　まあ、刑務所でも食事ぐらいは出るだろうよ。ま、そういう意味では平等だな。うん。

C――　そうすると、「刑務所で出す食事も、普通の人が働いて普段に取る食事も同じにする」ということでしょうか。

マルクス　うーん。まあ、刑務所の場合は、ちょっとだけまずい物が出るから、それを食わなきゃいけないな。まあ、これは多少しかたがないんじゃないかな。うーん。

マルクスは、「富の総量は変わらない」と考えていた

C――　あなたは、「資本家から富を取り返す」と言われましたが、富を取り返して、ばらまいたところで、それは一回きりのことです。その後、どうやって新たな富を生み出していくのですか。

マルクス　うーん。まあ、だから、君ねえ、「富の総量」って基本的に変わらないんだよ。君、勘違《かんちが》いしてるなあ。

まあ、「労働人口」っていうのがあるわけだ。一日八時間以上、働かせたら伸《の》びちゃうから、八時間労働とする。それで、労働人口が十万人なら、十万人で八時間労働し

た場合、生み出せる「富の総量」っていうのは、もう決まってるんだよ。

あとは、「生み出された富をどう分配するか」の問題だけなんだよ。「富の分配に不公平があったら正義にかなわないから、それはよくない。みんな同じようにしなさい」と言っているわけで、これは、もう神のような心ではないか。

うーん。わしは教会の牧師でもできるな。

マルクスが目指したプロレタリアート独裁が、特権エリートを生んだ

C―― 全員に同じように、必ず八時間の労働をさせるためには、誰《だれ》かが監視《かんし》をする必要が出てくると思います。つまり、監視社会になっていくとは思いませんか。

マルクス うーん。その監視するやつが、くさいよな。そいつは働かないで、同じ給料をもらおうとする傾向《けいこう》が出てくる。そうすると、そいつが働かない分だけ、ほかの人が、余分にノルマを課せられて、働かねばならんようになる。

これでは、やはり、働かない者が発生して、人の上に立つ者が出てくる。要するに、

十人の人が働いていたのに、一名が監視員に回ると、その一名分だけ余分に働かされるか、自分の取り分が減るか、どっちかになる。これは不平等な社会の始まりだな。うーん。富の偏在《へんざい》だ。

C――　実際、共産主義を目指した国は、今、あなたが言ったように、「誰かが独裁者になって監視する」というエリート独裁の社会になっていったのですが、それについてはどう考えますか。

マルクス　うーん。君の言っていることが、もう一つ分からんなあ。うーん。君の言う「共産主義社会」っていうのは、何？　わしが構想した未来社会のことを言っているのかな？　うーん。未来社会のことか？

C――　はい。共産主義を信奉《しんぽう》する政党が、一党独裁で、人民を管理し、強制的に労働させるということです。

マルクス　うん、うん。それは言った、言った、言った。

うーん。万国《ばんこく》のみんなが共産主義者になれば、それはプロレタリアート（労働者階級）独裁の世界だな。

要するに、「労働者は偉《えら》い」「額に汗《あせ》をして、働く者は偉い」ということだな。「働かずに楽して金を儲《もう》けるやつらは、やっぱり、けしからんので、尻《しり》を叩《たた》いて働かさねばならん」「同じ労働者階級に入らなかったら許さない」ということだ。まあ、「労働者の独裁」っていうことだな。

だから、「独裁」と言ったって、全員が労働者なんだから、平等な社会なんだよ。「組合がすべてを運営する」と、まあ、そんなことかな。うん、うん。

C――　共産主義国では、そのようなプロレタリアート独裁を目指したにもかかわらず、実際には、「一部の特権層がエリートとして国を運営していく」というスタイルになってしまったのです。

マルクス　それは何かの間違いなんじゃないかなあ。うーん。そんなことがあっていいはずがない。わしの理論からいって、そんなことは起きるはずがない。うーん。起きるはずがない。

マルクス自身は〝労働者階級〟と言えるのか

C――　労働に関してお訊《き》きします。あなたのような「本を書く」という仕事は、物をつくっていないので、ある意味で、「何も労働していない」ということにはならないでしょうか。

そうすると、あなたは、「働いていないので、食べてはいけない」ということにならないでしょうか。

マルクス　うーん。

C――　あなたは、「思想を発表することが価値を生む」ということを認めているのでしょうか。

マルクス　うーん。まあ、ここは、ちょっと……。まあ、若干、違いがあるんだけども……。

まあ、ペンを走らせて原稿《げんこう》を書くのも労働といえば労働であって、やはり、「原稿用紙一枚当たりいくら」で働いてるわけだ。原稿用紙を一枚埋《う》めるのにかかる時間っていうのはあるわけで、だいたい、書ける速度はあるわけであるからして、まあ、パンをつくったりする労働と種類は違うが、労働であることには変わりがない。

まあ、こういう仕事をする人が少ないということではあるがな。労働者であることには変わりない。うん。

C――　そうすると、「書いた内容や思想にかかわらず、書いた文字数によって、その価値が量られる」ということになるわけですか。

マルクス　まあ、そういうことだな。それが正しい考えなんじゃないかな。うん。一字、いや、「原稿一枚いくら」ということだな。うん。

C――　人間の労働にそれほど差がないと考えると、やはり、「ヘーゲルもアダム・

スミスも、あなたも、みな同じ」ということになりますね。

マルクス　うーん。いや、わしのほうが量は書いたかもしらんから、わしのほうが金持ちになっても、おかしくはないいんだが、金持ちになっとらんのだよな。おっかしいなあ。

C――　お金持ちになったら、今度は、その富を貧しい人へ配分しないといけないわけですが……。

マルクス　もちろんだ。

しかし、まあ、本が売れんからなあ、ほんとに困っとるんだよ。うーん。わしの思想が、こんな正しい思想が、なんで世の中に受け入れられないのか、不思議でしょうがない。うーん。

C――　分かりました。

5 神を否定した人間の哀《あわ》れな末路

マルクスの墓の写真を本人の霊《れい》に見せてみる

A―― ここに、あなたのお墓の写真があります。これを見てください。（写真を見せる）これが、あなたのお墓です。ロンドンにあります。

マルクス 君、エイプリルフールか。

A―― いえ、今日は四月四日です。

マルクス うーん。

A―― あなたは、ロンドンの自宅で、肘《ひじ》掛《か》け椅子《いす》に座したまま、亡くなりました。六十五歳《さい》でした。（写真を見せながら説明する）

マルクス　えっ？　なんと。悪い冗談《じょうだん》だなあ。

Ａ――　そして、あなたの葬儀は、あなたの家族と、エンゲルスらごく親しい友人、計十一人で執《と》り行われました。

マルクス　ほおー。はあ。

Ａ――　お墓は、イギリスのアーチウェイ駅の近く、ハイゲート墓地にあり、一九五六年には、有志の手で新たに、スウェーデン産の御影石《みかげいし》の胸像が加えられているそうです。

（写真を示して）これが、あなたのお墓です。あなたは亡くなっているのです。

マルクス　君、悪い冗談だね。冗談きついよお！　そんなばかなことはない。わしはしゃべっとるじゃないか！　なんで死んでるわけ？

Ａ――　あなたは、三月十四日、肘掛け椅子に座ったまま……。

マルクス　あ、座っていたか。あ、そう。（左手で頭をかく）

A―― 座っていましたよね。
マルクス うーん。何月？ 四月って？
A―― 三月十四日です。
マルクス あー、今、四月？
A―― 今、四月四日です。
マルクス あ、そう。じゃあ、わしは二十日も座っとるのかい？ ふーん。
A―― あなたは、今までずっと椅子に座ったままでしたか。
マルクス 寝《ね》てたような気がするんだがなあ。座ってたのかなあ。
A―― あなたが亡くなったとき、エンゲルスはいましたか。周りのみんなは、騒《さわ》いだり、涙《なみだ》を流したりしていませんでしたか。
マルクス うーん、ついこの前のはずなのに、何だか、ずいぶん遠い昔のような気もするなあ。何だろうな。うーん。ついこの前のような気もするのに、ずいぶん昔のような気もする。
君に騙《だま》されて、だんだん頭がおかしくなってきた。（両手で頭を抱《かか》える）
私は、何だかよく分からないんだけど、しかし、私はまだ死んでいないよ。だから……。

A――　亡くなりました。お墓があります。

マルクス　病気……。いや、いや、君、それは冗談がきついよ。そんな……。

A――　わざわざ、そんな冗談は言いません。

マルクス　世の中にはそんな暇《ひま》な人がいるんだよ。

A――　いいえ。あなたが亡くなったあとのことも分かります。
例えば、『資本論』の第二巻は、一八八九年に出版されています。

マルクス　ああ、そう。そうか、出るのか。

A――　いや、出たのです。

マルクス　ん？　出たのか。

A――　一八九四年には第三巻が出版されました。

マルクス　ほお、出たかあ。そうか、よかったなあ。

A――　エンゲルスが、第二巻、第三巻を編集して出したのです。

マルクス　そうなんだよ。託《たく》してあったんだ。

A――　『資本論』は、あなたが亡くなったあとに出たのです。

マルクス　ああ、そうなのか。ふーん。

A――　多くの人が、『資本論』を読んでいます。

人間は機械と同じであり、死んだら終わりなのか

マルクス　で、評判はどうだったんだい？

Ａ――　評判は一時的には上がったかもしれません。その後、ソ連や中国という国ができました。

マルクス　それは、すごいなあ。それは、すごいんじゃない。ふーん。

Ａ――　そして、多くの粛清《しゅくせい》が行われました。

マルクス　粛清って何だ？

Ａ――　共産主義に反対する人を追放したり、殺したりしたのです。

マルクス　へえー。

Ａ――　しかし、ソ連は崩壊《ほうかい》し滅《ほろ》びました。国がなくなったのです。

マルクス　全員、殺しちゃったのか。

Ａ――　全員ではありません。

マルクス　ふーん。ふーん。

A――　かなり多くの人が死んでいます。

マルクス　ふーん。でも、わしの……。

A――　あなたの思想を取り入れた国は、多くの人を粛清し、殺しているんです。

マルクス　ふーん。なんで、そんなことをするんだろうなあ。

A――　原因は、暴力革命を肯定《こうてい》する、あなたの思想にあります。

マルクス　私は、貧しい者を救うために……。

A――　あなたが、神を信じず、人も信じず、「人間は機械だ」と思っていたからです。

マルクス　うーん。まあ、機械を……。

A――　人間が機械なのであれば、いくら人間を殺しても構わないではないですか。

マルクス　まあ、まあ、まあ、そういうわけじゃなくて、これ、ま……。

A――　あなたの思想からいけば、あなたも〝機械〟ですよね。

マルクス　貧しい人たちを、圧迫《あっぱく》し、搾取《さくしゅ》する人たちを、やっぱり許せなかった。

A――　では、あなたに死はないのですか。

マルクス　あるわけないじゃない。

A――　あなたは死なないのですか？

マルクス　いや、まあ、それは死ぬことはあるけど、まだ元気だからねえ。

A――　人間の価値とは何ですか。

マルクス　君、人間の価値っていうのは……。それは何だろうねえ。
まあ、人間の価値っていうのは、そらあ、哲学《てつがく》はいろいろあるとは思うけれども、
わしなんかは、やっぱり言論で世の中を動かすことに値打ちを感じたがなあ。うん。

A――　それが、あなたの価値ですか。

マルクス　ん？

A――　世の中を動かすことができれば、人間には価値が出るのですか。

マルクス　わしの言論を信奉《しんぽう》してくれる人が増えれば、それは、うれしいな。うん。

A――　労働にも価値がありますか。

マルクス　いや、労働は価値がありますよ。そりゃ当然ですよ。労働が、基本の仕事ですよ。

A――　では、人間は、死んで肉体がなくなったら、価値がなくなるのですか。

マルクス　君、変なことを言う。

A――　死んだら人間には価値がないのですか。

マルクス　君、何か変なこと……。何か変なことを言う。

A――　では、あなたは親類を亡くしたことはありませんか。

マルクス　うーん。まあ……。

Ａ——　親類縁者《えんじゃ》を亡くしたことはありますよね。

マルクス　まあ、そらあ、死んだことはあるよ。

Ａ——　では、死んだら、その人たちには、もう価値はないのですか。

マルクス「価値」っていう意味が分からんけれども、うーん、死んだら、そら、人間、終わりだよ。

Ａ——　人間は死んだら終わりですか。

マルクス　うん。死んだら終わりだよ。そら、そうだよ。

Ａ——　では、人間は何のために生きているのですか。

マルクス　だから、それは……。

Ａ——　食べるために生きているのですか。

マルクス　うーん。まあね。

A――　もし、そうなら動物と同じですね。

マルクス　まあ、そうだね。うん。一緒《いっしょ》だよ。そらあ、一緒だよ。

A――　もし、動物と同じなら、人間は機械より劣《おと》るのではないですか。

マルクス　「機械」というのが、よく分からないけれども、まあ、壊れたならば、動かなくなる。

A――　それだけの価値ですか。

マルクス　うん。

A――　人間にそれだけの価値しかないならば、人を殺しても罪にはならないですね。

マルクス　いや、そんなことはないよ。君、そんなことはないよ。道徳っていうものがあるから、君、そんなことはないよ。うん。

自分こそが〝神〟であると思っている

A——　では、人の命を護《まも》ることの意味とは何ですか。

マルクス　だから、わしゃあね、刑法《けいほう》だとか、そんなことを言ってるつもりはないんであって、わしは、あくまでも、「経済的な面において、不当に扱《あつか》われていることから、人々を救済しよう」と思ったわけだ。だから、君、わしゃ救世主なんだよ。

A——　しかし、あなたは神を信じていませんよね。

マルクス　だから、わしが神なんだよ。

A——　あなたは、「神はいる」と思っているのですか。

マルクス　まあ、いるとしたら、わしじゃな。うん。

A——　あなたが神なのですか。

マルクス　まあ、いるとしたら、わしが神だ。うん。

A――　では、あなたは死なないのですか。

マルクス　まあ、死んでないんだから、永遠の生命《せいめい》があるのかなあ。

A――　あなたは永遠の生命を持っているのですね。

マルクス　まあ、たぶん、そうだろうなあ。わしだけ死んでないらしいからな。

A――　エンゲルスはもう亡くなっていますからね。

マルクス　だから、まあ、わしが「お墓に入っても生きてる」っていうのは、キリストと一緒じゃないか。キリストは葬られても生き返ったんだろ？　君が、嘘《うそ》を言っていなければだよ。

A――　いえ、本当です。これは、あなたのお墓です。

マルクス　嘘を言っていなければ、「お墓に入ったのに、まだ生きてる」ということは、わしはキリストと同じ存在じゃないか。キリストも、お墓に葬られたのに、三日後に甦《よみがえ》って生きたんだろ？

まあ、わしゃ信じていなかったけれども、もし、そういうことが起きるとしたら、わしゃあ、神か、神の子か、どっちかだな。まあ、そういうことになるなあ。

A――　では、あなたは神の子ですね。

マルクス　ああ、わしゃ神の子……。ああ。

A――　ほかの人たちも、同じく神の子です。

マルクス　ん？

A――　あなただけが神の子ではないのです。

マルクス　ん？　それは意味不明だ。うん。

A――　神の子は、あなただけではないのです。

マルクス　ん?

「人間より機械のほうが価値が上だ」と考えている

A――　あなたの問題点は、やはり人間を機械や物のように扱ったことです。

マルクス　君ねえ、何だか、さっきから、ずっと機械がすごく悪いもののような言い方をしていないか。機械っていうのは、すごいものなんだよ。素晴《すば》らしいんだよ。

A――　機械は役に立つものではあります。

マルクス　文明そのものなんだよ。

A――　しかし、人間と機械とでは、どちらが大切ですか。

マルクス　そりゃ機械だよ。

A――　機械のほうが人間より大切なのですか。

マルクス　それは、そうだよ。君、機械を手に入れるのは大変だよ。つくるのも大変なんだよ。

Ａ――　あなたは、そんな思想を発表していたのですか。

マルクス　機械ってのはすごいよ、君。人類の未来だよ。うん。

Ａ――　人間より機械のほうが大切なのですね。

マルクス　人間は牛馬《ぎゅうば》と変わらんからな。

Ａ――　人間は牛馬と同じですか。

マルクス　まあ、牛馬よりも、ちょっとだけ感情の起伏《きふく》が激しい。

Ａ――　あなた自身も牛馬なのですか。

マルクス　ん？　まあ、牛馬のごとく働いたよ。

Ａ――　では、あなたは機械よりも価値がないんですね。

マルクス　まあ、機械は立派だよな。うん。

A――　あなたより機械のほうが立派なのですか。

マルクス　いやあ、人間よりは蒸気船のほうが、そら上だよ。

A――　人間より蒸気船のほうが価値があるのですか。

マルクス　うん。そんなのつくれないからね。

A――　では、蒸気船を壊すことは、人間を殺すことよりも、よほど悪いことですね。

マルクス　そらあ、そうだろうなあ。そら大変なことだ。

A――　では、蒸気船を護るためには、人間はいくら死んでもいいのですか。

マルクス　蒸気船をつくるためには、何百人もの人が、ものすごい年月をかけるからなあ。

人間なんか勝手に生まれちゃうからね。男女が交わっただけで簡単にできちゃうんだ。な？

Ａ――「人間は、生まれて、死んで、それで終わり」ということですね。

マルクス　うん。そんなもん、いくらでもつくれる。

Ａ――それが、あなたの思想の根本にあったわけですね。

マルクス　うーん。何か君の言い方には、角《かど》があるな。

Ａ――はい、角はあります。あなたの思想の根本には……。

マルクス　すごく角がある。

Ａ――はい。

マルクス　うーん。尊敬の念を感じられないな。

Ａ――あなたが間違《まちが》った思想を発表したために、結果として、多くの人が、機械のように扱われ、血を流し、死んでいきましたからね。

共産主義国が崩壊《ほうかい》したのは、マルクスのせいではない？

マルクス　うーん、でもなあ……。まあ、何だか君と話してると頭がクラクラする。しかしだよ、「君は未来から来た」ということだけども、「未来が、わしの思想を受け入れて、それで未来社会ができている」って言うなら、「わしの思想は正しかった」ということなんじゃないのか。

A――　いや、あなたの思想が多くの不幸を生んだのです。

マルクス　不幸を生んだ？

A――　貧しさを生んだのです。あなたの思想は豊かさを生みませんでした。

マルクス　そんなばかなことがあるか。わしゃ貧しさをなくすために書いたんだから。

A――　多くの人が貧しくなったのです。

マルクス　そんなはずはないよ。貧しい人が、もう山のようにいたんだよ。そのなかの一部だけ、イギリス貴族みたいなものが……。

A――　あなたの思想が間違っていたのです。

マルクス　そんなはずはない。

A――　一部の特権階級ができてしまったのです。

マルクス　そんなはずはない。少なくともだね、まあ、最低の生活をしていた人が標準に上がるはずなんだよ。

A――　「労働者の革命」は起きずに、結局は、一部のエリートが搾取してしまったのです。

マルクス　うーん。うーん。それは、わしの責任ではないのではないか。誰《だれ》か、わしの思想を悪用した人がいるんじゃないのか。

A――　いや、それは、あなたの思想から発展したものです。そして、結局、共産主義の国は失敗しました。一九九一年には、あなたの考えをもとにしてできた、ソ連という国が崩壊《ほうかい》しました。

マルクス　まあ、君の言っていることは、ちょっと分からないんだけれども、それは、外国の人だろ？　わしの思想を受け入れて国をつくり、何十年かやったかもしらんが、それで、成功したか失敗したかは、その国の人たちの努力によるんじゃないか。わしのせいじゃないだろうが。

A――　いや、あなたが、「嫉妬《しっと》」という思想を広めたことが原因です。あなたが、豊かな者に対する嫉妬を、世界中に広げたために、いろいろな国で、豊かな者を引きずり下ろそうとする動きが起きたのです。

マルクス　うーん。いやあ、嫉妬は、君、人間の本性だよ。何、言ってんの？　嫉妬心のない人間なんかいたら、連れてこいよ。

A――　あなたが、豊かな者を嫉妬することを世界に広めたために、多くの者が貧しくなったのです。嫉妬が、貧しさの平等を生んだのです。

自らの嫉妬心《しっとしん》を認めようとしないマルクスの霊《れい》

マルクス　いや、でも、嫉妬《しっと》があるからだねえ、人は不正ができないんだよ。嫉妬があるから、人は不正に出世することも、不正に金を儲《もう》けることもできないし、嫉妬があるから、勝手に盗《ぬす》むこともできない。嫉妬が法律の根本なんじゃないか。

A――　自分と他人との間に差が生じることを憎《にく》むのは、相手に嫉妬をしているからです。一生懸命《いっしょうけんめい》に働いて、正当に豊かになった人を引きずり下ろそうとするのは、その人に嫉妬をしているからです。嫉妬が、あなたの思想の根本なのです。

実際、あなたの話を聴《き》いていると、すべてにおいて嫉妬があるではないですか。

マルクス　そらあ、君、決めつけだよ。

A――　ヘーゲルに対しても嫉妬があります。

マルクス　まあ、ヘーゲルは間違ってるんだろうから、それは、しょうがないじゃないか。嫉妬してるわけじゃないよ。単に「間違ってる」と言ってるんだよ。
A――　いや、それは嫉妬です。あなたは先ほど、「ヘーゲルの名声が気に入らない」と言いましたね。
マルクス　あいつは何をやっても成功しおったからな。けしからんな。
A――　それを「嫉妬」と言いませんか。
マルクス　ああ、そう、そうなのか。ふーん。
A――　ええ。
マルクス　わしは、こんなに、いい思想を説いてるのに、なんで貧しいんだよ。それが、おかしい。
A――　あなたの思想のなかに、貧しさを肯定する考えがあるのです。それが嫉妬心なのです。

マルクス　ヘーゲルは世渡《よわた》りがうまいんだよ。

A――　違う。あなたの嫉妬心が問題なのです。あなたはヘーゲルを祝福しないといけないのです。

マルクス　だってさ、人から、差別されたり、まともに扱われなかった人たちは、怒《いか》りの鉄拳《てっけん》として〝正義のペン〟を走らせるのは当然じゃないか。

A――　豊かになりたければ自ら働けばよいのです。そうして全員が豊かになっていけばよいのです。

マルクス　いやあ、わしだって働いたよ。ライン新聞に主幹《しゅかん》で執筆《しっぴつ》を続けた。なのに新聞が潰《つぶ》されたんだよ。なんで潰されるんだ。わしゃ分からん、いいことを書いてるのに。わしを陥《おとし》いれようとする悪いやつらが世の中にいるんだよ。

A――　違います。あなたは、自分で自分の人生をつくってきたのです。

第二のキリストとして、千年王国を実現しようとした

マルクス　うーん。君、牧師か。

A――　宗教家です。

マルクス　はあ、そうか。まあ、しょうがないな。そういう人は、それを商売にしてるからなあ。

A――　いえ、商売ではありません。これは、「あなたの魂《たましい》を救えるか救えないか」という問題なのです。

マルクス　わしの魂……。

A――　あなたの魂は救われていないのです。

マルクス　わしは、もう……。

A――　あなたは、死んだのに、まだ天国に還《かえ》っていないではないですか。

マルクス　いや、いや、だから、君の証言によれば、わしはキリストだっていうことじゃないか。ああ。わしゃキリストだよ。今まで死んで甦った人というのは、まあ、キリスト以外に聞いたことはないが、わしは二人目のキリストであるわけだな。

A――　キリストは天国に還られています。

マルクス　じゃあ、キリストの再誕だ。な？

A――　キリストは喜びの世界に還られています。逆に、あなたは、死んだあと、暗く、つらい世界に行っているのです。

マルクス　うーん。わしゃ、そんなこと知らないよ。

A――　あなたは、ずっと苦しんでいませんでしたか。

マルクス　知らない。キリストなんかに会ったことはないから、そんなの知らないねえ。

A――　今、あなたがいる世界では会えません。そもそも、あなたは誰にも会えなかったはずですよ。

マルクス　誰もいないんだよ。

A――　それを「地獄《じごく》」と言うのです。

マルクス　そりゃ勝手だよ。フン。

A――　あなたは生きているとき、地獄について学びましたよね。

マルクス　あ?

A――　『聖書』を読みましたよね。「地獄」もしくは「煉獄《れんごく》」について何か聞いたことはありませんか。

マルクス　うーん。いや、わしは、『聖書』を読んだことはあるよ。うーん。だから、わしゃあねえ……。

そうだ、思い出した!　思い出した。君、わしは、そうなんだよ、第二のキリストなんだよ。わしは、第二のキリストで、『聖書』に書いてある千年王国を、この地上に実現しようとして、共産主義の思想をつくり、『資本論』を書いて、全世界の労働者を救おうとしたんだ。わしゃ、キリストだったんだ。

ああ、やっと思い出したあ。君の意見で、やっと話がつながった。うん。わしは、第二のキリストだったんだ。だから、キリストが甦ってマルクスになったんだよ。うん、そうだ、そうだ。うん。そうなんだ。

A――　今、二〇一〇年という年に、あなたの亡霊《ぼうれい》が……。

マルクス　ん？　亡霊？

A――　あなたの亡霊が立ち現れて、社会主義的な政策によって、多くの貧しさが生まれようとしています。あなたは貧乏神《びんぼうがみ》です。

マルクス　いやあ、君ねえ、今一八八〇年代なんだよ。だから、二〇一〇年に貧乏をつくってるのが、わしの責任だって言われても……。

A──「思想」というのは、それだけ影響力《えいきょうりょく》が大きいのです。

マルクス　君、そんなこと言われて、理解できるか。君は精神病院から来たのと違うのか。

A──あなたが今〝精神病院〟に入っているのです。

マルクス　わしが精神病院に？　本当かね。うーん。

A──これ以上、討論しても、もう、しかたがありませんので、また、暗い世界、つらい世界に戻《もど》って、もう一度、自分を振《ふ》り返ってください。自分の周りの世界が、どうなっているか見てください。

マルクス　わしは寝ていただけなんだ。うーん。

A──もう戻ってください。

マルクス　体調を崩して、二、三日寝ていただけなんで……。

Ａ――　これ以上、あなたと話してもしかたがありません。あなたは、まだ自分が行《おこな》ったことに対する「反省」が進んでおりませんので、もう一度、元の世界に帰って自分を振り返ってください。自分の周りの世界を見てください。

マルクス　君らはいったい何者なんだ。教えてくれよ。何なんだ。いったい何をしてるんだ。何をしようとしてるんだ。なんで、わしをこうしているんだね。これはいったい何なんだ。

説明をする義務があるだろうが。わしに対して失礼だろう。もう全然分からない。わしは、今の状況《じょうきょう》が全然、飲み込《こ》めないんだよ。

Ａ――　私たちは宗教家です。

マルクス　君の言う意見はもう分からんから、ほかに誰か説明してくれよ。これは、いったい何がどうなってるんだよ。何をしようとしてるんだ。分からないから説明してくれ。

6 マルクスの霊《れい》が救われるためには

招霊《しょうれい》される前は、地獄《じごく》の無意識界にいた

D――　今日は二〇一〇年四月四日です。そして、ここは幸福の科学の教祖殿《きょうそでん》・大悟館《たいごかん》です。幸福の科学グループの大川隆法総裁がいらっしゃる所です。

大川隆法総裁は、大宗教家、大霊能者《れいのうしゃ》であり、この地球上に生きている者の守護霊《しゅごれい》や、すでに亡くなっているすべての霊を呼び出すことができます。

あなたは、先ほど誰《だれ》かに呼ばれませんでしたか。

マルクス　ああ、何だか知らないけど、引きずり出された。わしゃ寝《ね》てたのに、何か……。

D――　そうですね。

マルクス　ぐうーっと何かこう、頭のつむじのあたりに、フックのようなものを引っかけられて、ズズズズズズズッと引っ張り上げられたんだよ。
何だか知らんが、「わしは芋《いも》か」と思うぐらい、何かこう、引っ張り上げられたような感じだったなあ。

D――　そうすると、暗い所から、上のほうに引っ張り上げられた感じでしょうか。

マルクス　うーん。うーん。目があまり開かないんだよな。なんだか、まぶしくって。

D――　あなたに声をかけた方が、大川隆法総裁です。
二〇一〇年四月四日の今日、あなたは、大川隆法総裁の霊的な力により、地獄《じごく》から引っ張り上げられたのです。そして、日本にある幸福の科学の教祖殿に呼ばれ、今、大川隆法総裁の体のなかに入っている状態なのです。

マルクス　はああー？

D――　ですから、先ほど、「体を触《さわ》ってください」と言われて触ったら、体がありましたね。その体は大川隆法総裁の体なのです。ですから、着ている服も、あなたの服とは違《ちが》いますよね。

マルクス　まあ、女性ではないみたいだがな。

D――　ええ。体の大きさも違うのではないですか。

マルクス　（右手で鼻を触る）うん。鼻が小さいな。

D――　確か、生前はひげを蓄《たくわ》えていたと聞いていますが、ないですよね。

マルクス　（右手であごを触る）うん、うん。そうだ。ないな。うん。ひげがないな。

D――　あなたの目の前に、「テレビ」という画面があるのですが、見えますか。

マルクス　うーん。かすかに……。

D――　画面のなかの顔は、あなたの顔とは違っていませんか。

マルクス　箱のなかに、なんで人が入ってるんだ?

D――　これは、今、あなたの姿を映しているのです。あなたの時代に、「写真」というものはありましたか。

マルクス　ああ、写真はあるよ。

D――　ありましたね。今、時代は進んでおり、写真だけではなくて、動くものを捉《とら》えて映すことができるようになっているのです。そして、今、画面に映っている顔は、あなたの顔とは違いますよね。

マルクス　うん。これは違う。何だかちょっと違う。

A――　（生前の写真を見せる）あなたの顔は、この顔ではなかったですか。

マルクス　そうだよ。立派だなあ。さすが立派だ。うーん。

D――　でも、画面に映っている顔は、髪《かみ》の毛が黒いですよね。

マルクス　何だか若い男じゃないか。これ。

D――　そうです。この方が大川隆法総裁です。

マルクス　宇宙人かい？　これ。

D――　違います。日本人です。

マルクス　ふーん。そうか。

D――　この方が、今、あなたをここに呼んだのです。

マルクス　まあ、未来人だな。要するに、わしは未来に呼ばれたわけだ。

D――　そうですね。

マルクス　死んで未来に呼ばれたんだ。うん。そうか。未来に呼ばれた？　え？　死んで未来に呼ばれた？　そんなことがあるのか。

D――　「死んで地獄に百年以上とどまって、その世界から出られずにいた」というのが真実ですね。

マルクス　ふーん。わしゃ、ほんとに、ちょっと休んでいただけなんだがなあ。うーん。

Ｄ――　今日お呼びした理由を、もう一度、申し上げます。

先ほどからも話がありましたが、あなたの死後、あなたの思想は世界中に伝播《でんぱ》しました。そして、あなたの思想を実践《じっせん》することによって、数多くの人々が、貧しさのなかに苦しんだり、殺されたりしました。この地球に不幸が広がったのです。

この日本においても、あなたの思想に影響《えいきょう》を受けた知識人や政治家、マスコミ人等がいます。

今、そういう人たちの勢力が強くなり、日本の社会主義化が進んできつつあります。つまり、貧しさの肯定《こうてい》や不幸の再生産というものが行われようとしているのです。

そこで、大川総裁が、百年以上前から地獄界にいて、苦しんでいるであろう、あなたの霊を呼び、「マルクスは今、どのような状態にあるのか。どのような考えで生き、死後、何をしているのか」ということを明らかにしようとしたのです。

マルクス　うーん。まあ、おぬしの言うことは三十パーセントぐらいしか分からない。仮にだよ、わしの知らない世界があったとしよう。そして、君らのことを善意に解《かい》釈《しゃく》すると、「未来の人間が、何らかの装置を発明して、わしが意識不明になってるのを助けに来た。そして未来社会に連れてきて、何か治療《ちりょう》しようとしているんだろう」というふうな感じを受けてはいる。

未来社会は、当然、わしの世界とは違う世界になってることは分かるけれども、君らが未来社会の人間だとして、それで、マルクスは、その後、どうなったんだい？いったい、どうなった？

D――　私《わたくし》たちが、大川総裁から学んでいることによりますと、あなたは、死後、地獄の無意識界にとどまっています。

マルクス　ああ、無意識界？　それは、ちょっと分かるような気がするなあ。何だか意識がないもんなあ。うん。確かに。

D――　ええ、そうなんです。その世界にいるのです。先ほど「一八〇〇年代」と言われましたが、あなたは、あなたが死んだ、その時代のままで、時が止まっているのです。

マルクス　うーん。なんで、そんなことがあるんだろうねえ。ビッグベンが止まるようなもんだよね。

「死んだら終わりだ」と思っていたので、死後の世界を見たくなかった

D――　そうですね。それが一つの地獄なのです。あなたが、その地獄にいる根本の理由は、やはり、あなたが「宗教はアヘンである」と言ったように、神を否定したことにあります。

また、それだけではありません。あなたが発表した思想のなかに、暴力革命の肯定《こうてい》や嫉妬心《しっとしん》の正当化など、人々を不幸にするものがありました。そのために、何百万、

何千万、いや、それ以上の人々が非常に苦しみ、地獄にも堕《お》ちています。
マルクス　まあ、フィクションだと思いたいけれども……。
D――　どうですか。人々の恨《うら》みの声、怨嗟《えんさ》の声は聞こえませんか。
マルクス　そうなんだよなあ。棺桶《かんおけ》なのか繭《まゆ》なのかよく分からないが、わしゃ、何かそういうもののなかに、すっぽり入ってるような感じなんだよなあ。
スポッと入って、寝ている感じがするので、外の世界のことがよく分からない。ほんの、ちょっとの時間はたったと思うんだが、そんな、百年だの、二百年だのと言われると、頭がクラクラッとくる。
しかし、わしゃ、そんなに多くの人を苦しめた覚えはないんだがなあ。
D――　ただ、多くの人を苦しめた罪がなくならないかぎり、あなたは地獄の無意識界の「棺桶」から出ることはおそらくできないと思います。
マルクス　いったい、なんで、こんなことが起きるんだ。分からないんだ。どうして、こんなふうになってるんだ。ほかの人はどうなる？

D――　やはり人間は機械ではありません。今、あなたが考えたり話したりしているように、人間には魂《たましい》あるいは心というものがあります。

その心が肉体に宿って、地上に赤ん坊《ぼう》として生まれ、育ち、大人になり、仕事をして、年を取り、亡くなります。あなたの周りでも、いろいろな方が亡くなっていますよね。ただ、人間は亡くなっても終わらないのです。

マルクス　ああ、あんた、ショーペンハウエル（厭世《えんせい》哲学を説いたドイツの哲学者）の弟子《でし》か。そうか。そうか。うん。

D――　人間は亡くなったあと、本来いた、あの世に還《かえ》るのです。これが真実の世界です。これを認めなかった人は天国に還れないのです。

マルクス　ふーん。まあ、よくは分からないけれども、わしゃ死んだら、もう何もかもなくなると思っておったので、死後の世界があるということは、まずいんだよ。うん。まずいから、見たくなかったのかなあ。うーん。見たくないから寝てたのか。

D――　そうです。信じていなかったために、信じたくなかったために、「今、その状態でいる」ということなのです。

思想的悪影響《あくえいきょう》を与《あた》えた責任の自覚が必要

マルクス　だけど、人殺しは、わしの責任ではないぞ。いくら、そう言われたとしても、わしは、「殺せ」と言っているわけではないからな。

D――　ただ、暴力革命を肯定するような思想をつくり、本というかたちで発表した以上、責任は生じますよね。

マルクス　わしが生きてるときに、まだ出てもいない本の責任を取らされるっていうのは、君、かなわんなあ。

（注。実際には、生前に発表した『共産党宣言』〔一八四八年〕のなかで、暴力革命の方針を明確に謳《うた》っている。）

D――　しかし、現実に、あなたの思想は、地上において、本として発刊され、多くの人がそれを読み、影響《えいきょう》されています。

マルクス　それだったら、信じたやつが悪いんじゃないか。わしの責任ではない。

D――　もちろん信じた人にも責任はあります。しかし、それを発表した人にも責任があるはずです。

マルクス　大勢が信じたら、わしはベストセラー作家だ。もっと大金持ちになれとったはずだのう。惜《お》しかったなあ。

D――　結局、「悪い思想、間違った思想を世の中に出したために、今、大きな罪があなたに臨《のぞ》んでいるのだ」と私は思います。

マルクス　それで、君は、ロシアや中国に、わしの思想が広がったと言うのか。

D――　そうです。そのほかの国にも広がり、先ほど話がありましたように、多くの人が粛清《しゅくせい》されて殺されました。

過去世のエピクロスと同じ間違《まちが》いを繰《く》り返す

マルクス　それでアダム・スミスはどうなってる？

A――　天国にいます。

マルクス　えっ！　天国にいる？　ははあ、そんな無茶な……。それは無茶だよ。

A――　アダム・スミスは天国にいます。

マルクス　なんで天国なんかに行くんだろう。

A――　ヘーゲルも天国にいます。

マルクス　うわあ！　そんなばかな！

A――　あなたは、マルクスとして生まれる前に、古代ギリシャにおいて「エピクロス」という名前で生まれています。（『黄金の法』〔幸福の科学出版刊〕第2章参照。）

マルクス　歴史で聞いたことがあるよ。

A――　あなたは、そのときも唯物論《ゆいぶつろん》を説き、死後二百年間、地獄の無意識界にいました。あなたは今回も同じことを繰《く》り返しているのです。

マルクス　それは、ちょっと残念ながら、話がつながらない。分からない。うーん。そうか。うーん。分からない。ちょっと、それは意味が分からない。うーん。ちょっと理解できない。残念だ。

A――　あなたは、そのときも強い嫉妬心を持っていました。エピクロスは、当時、プラトンに対して嫉妬をしていたのです。

マルクス　へえー。

A――　そして、今回あなたはマルクスとして生まれ、プラトンの生まれ変わりであるヘーゲルに嫉妬しています。

マルクス　だって、プラトンって嘘《うそ》つきじゃないか。哲学者のくせに、あの世の話をいっぱい書いて。なあ？　あれ嘘つきだよ。哲学者は、あの世のことなんか言っちゃいけないいよ。

自分が霊《れい》であることを認められない〝哀《かな》しさ〟

A――　あの世はあります。死んでも、あなたは存在しているではありませんか。そもそも、なぜ、あなたは、大川隆法総裁の肉体に入っているのですか。

マルクス　あ、あ、えっ？

A――　その肉体は、あなたのものではないでしょう。

マルクス　うーん。

A――　あなたは心です。魂なのです。ですから、ほかの人の肉体に入れるのです。

マルクス　うーん。わしゃ、ずっと寝てたんでなあ。そんなことを言われても分からない。

A――　あなたは、地獄から引っ張り出されて、その肉体に入ったのです。

マルクス　なんで入ってる？　何だ、これ。

A――　だから、あなたの本当の姿は肉体ではありません。あなたが考えていることが、あなた自身なのです。

マルクス　なんか、偉《えら》い牧師さんかも知らんけれども、まあ、説教は通じないが、とにかく、何だか、わしを責めてるらしいことだけは分かる。うん。責めてることは分かるけど、まだ納得いかないな。

誰か納得させてくれ！　納得させてくれ！　女性がいるじゃないか。そこの女性、わしを納得させてくれ。分かる言葉で言ってくれ。いったい何が起きてるんだ。これは、どういうことなんだ？

E――　マルクスさんは、地獄から、この世という物質の世界に来ているのですが、何がいちばん分からないですか。

マルクス　いや、何が起きてるのか分からないんだよ。だから、「説明してくれ」って言っている。君らが集まって、わしを糾弾《きゅうだん》するのは君らの自由かもしらんけど、わしのほうにだって自由がある。来たくもないのに呼ばれて来ている。なんで呼ばれて、こういうふうに……。
何だか怪《あや》しい。それは何だ。君、大砲《たいほう》でわしを狙《ねら》っているのか。わしを暗殺する気か。あそこにも何か銃《じゅう》がある。
A——　あれは、「ビデオカメラ」というものです。
マルクス　ん？　カメラか。そうか。
A——　あれは、単に写真を撮《と》るだけではなく、私たちの動きを捉え、記録するためのものです。
マルクス　うーん。これは？（右手のひとさし指でマイクをさす）
A——　それは、あなたの声を大きくする機械です。

マルクス　ああ、そうか。ほう。君ら、宇宙人じゃないか。

Ａ――　文明が進み、機械が進化したのです。

マルクス　ああ、読めるよ。アウディ……、アウディオ……。テ、テチニカアー。マデ、マデイン、ヤーパン。そう書いてある。

Ａ――　英語で、メイド・イン・ジャパン（日本製）ということですね。

マルクス　ヤーパン（日本）。ほんとだ。ヤーパンだ。ヤーパンだ。

Ａ――　はい、ここはヤーパンです。

マルクス　ヤーパン、ヤーパン。ヤパーナー（日本人）。ああ、ヤーパン。

Ａ――　はい、私はヤパーナーです。

マルクス　ほう。しかし、よく分からんから、もう、ちょっと分からしてもらえんかな。これは、いったい、どういうことなんだ。いったい、どういうことが起きてるんだ。わしには分からんのだ。

E――　何が分からないですか。

マルクス　これを理解できる人が、世の中にいるのか。わし以外の人には、理解できるのか、こんなことが……。

E――　今は、マルクスさんの霊《れい》を呼び、「お話を聴《き》きたい」と思って、集まっています。

マルクス　霊？　霊？

E――　はい、あなたは死んでいるので、霊になっています。

マルクス　ほう。死んでる？

E――　死んだ人のお話を聴くには、その霊を呼ぶしかないですよね。

マルクス　「イエスは肉体を持って復活した」っていうし、ここに肉体があるから、わしは新しい肉体を得たんじゃないのか。これ？
E――　それは大川総裁の肉体です。
マルクス　ん？　わしのじゃないのか。
E――　違います。あなたは生前、そんな、きらきらした腕《うで》時計をしていましたか。よく見てください。そういうものは嫌《きら》いでしたし、買えませんでしたよね。
マルクス　（腕時計を見る）これは……。ユダヤ人には、まあ、金持ちがいるから……。
E――　あなたはユダヤ人ではないですよね。
マルクス　いや、わしは、実はユダヤ人なんだよ。
E――　ユダヤ人ですか。けれども、お金持ちではなかったですよね。
マルクス　金のないユダヤ人なんだよ。だから、ユダヤ人の金儲《かねもう》けをしたやつらは大嫌いだ。

E――　ですから、これは、あなたの体ではないですよね。

マルクス　新しくもらったのかなあ。うーん？

E――　どうやって体をもらうのですか。

マルクス　分からないな。いや、難しいなあ。君らの言ってること、よく分からないな。こんなことを信じる人がいるのか。

E――　います。

マルクス　ハァ。

幸福の科学をフリーメイソンと勘違《かんちが》いする

E――　私たちは、「マルクスさんのお話を聴きたい」と思って、あなたをお呼びしました。

マルクス　ハァ。それで、わしは、いまだに何か悪いことをしているのか。

E――　今は特に何もしていません。ずっと寝ていたのですよね。

マルクス　んー。

E――　今は何もしていませんが、あなたの思想が人々に影響を与《あた》えているのです。

マルクス　それは、多くの人を救っているということか。

E――　いえ、多くの人が不幸になりました。

マルクス　いや、それは困るよ。

E――　困りますよね。

マルクス　そんなつもりはない。

E――　そうですよね。

マルクス　うん。

E――　ですから、どういう思いで、思想をつくられたのかを聴きたくて、お呼びしました。

マルクス　わしは正義を実現しようとしただけだ。うん。だから、世の中、不公平なんだよ。そうじゃない？　今だって、そうだろう。そうじゃないの？　大資本家は、今だって、いるんだろ？

E――　います。

マルクス　じゃあ、不公平じゃないか。なあ？　革命を起こさなくちゃ。革命……。

E――　その革命を起こしたために、多くの人が死んだのです。

マルクス　労働組合で戦わなくちゃいけない。

E――　戦ったために多くの人が死んだのです。

マルクス　うーん。まあ、「正義が敗れる」ということは残念だな。

Ｅ――　ええ。（苦笑）

マルクス　正義が悪に敗れるのはつらいことだ。うーん。わしが、やっぱり、休んでるのがいけなかったのか。

Ｅ――　「今、生きている」と思っているのですか。

マルクス　そりゃ当然だよ。

Ｅ――　魂は生きていますが、肉体はもうないですよね。

マルクス　何だか、これは、どうも、わしは隔離《かくり》されたんだな。うーん。何か隔離されたらしい。ほかの人に会わせてもらえなかった。今、ずいぶん久しぶりに人間と……。

Ｅ――　久しぶりに人間と会ったのですか。

マルクス　そうなんだ。人間と話をするのは、ずいぶん久しぶりだな。だから、のどが渇《かわ》いてしょうがないよ。（水を飲む）

話をしたことがないんだ。

A――　え？　しかし、先ほどは、「二、三日前にエンゲルスと会っていた」と言っていましたよね。

マルクス　ああ、そうだったかな。二、三日前？　でも、おまえたちと話していると、何だか、ずいぶんたったような気もするなあ。

E――　今は二〇一〇年です。

マルクス　うーん。それを信じると思うか。信じられるか。だから、おまえたちで言やあ、パッと目が覚めて、『今、二三〇〇年です』って言われるようなもんだ。それで、おまえたちは納得するか。そんなことを、おまえたちは信じるのか。

E――　今は、やはり二〇一〇年です。

マルクス　ハァ。これは理解ができない世界だね。

E――　要するに、「眠《ねむ》っているあなたを起こして、今、呼んできた」ということです。

マルクス　やっと分かった！　フリーメイソンだ！　おまえたちは、フリーメイソンだ！

E――　幸福の科学です。

マルクス　それで理解ができた。フリーメイソンの結社だな。わしはフリーメイソンに連れてこられたんだ。それで、君らは魔術《まじゅつ》を使ってるんだ。そうか、そういうことか。

E――　違います。幸福の科学です。

マルクス　わしが「宗教はアヘンだ」と書いたんで、フリーメイソンの結社が怒《おこ》って、わしをさらい、そして、わしに改宗を迫《せま》ってるんだ。

A――　ちょっと待ってください。今の、その体や顔は、あなたのものではないですよ。
マルクス　ん？（自分の手や体を見る）
A――　フリーメイソンには、こんなことはできませんよ。体や顔が変わっているはずです。ひげも生えていないではないですか。フリーメイソンが剃《そ》ったのですか。
マルクス　剃ったんだろうなあ。
A――　しかし、顔が違いませんか。あれを見てください。（テレビモニターに注目させる）動いてみてください。あなたが動いたとおりに動いていますよね。
マルクス　（右手で両頬を交互《こうご》になでる）ほんとだ。似たような動きをしてるな。うん。でも……。
A――　あなたの顔ではありませんよね。
マルクス　いや、間違ってる！　私は左の頬を叩《たた》いてるのに、向こうでは、右の頬が叩かれているから、これは間違ってる（会場笑）。
わしじゃない。あれは、わしじゃない。違う。あれは違う。逆が映ってる。だから、これは、違う人が、まねしてるんだ。

A――　箱（テレビのこと）のなかの人がまねをしていると？

マルクス　うん。まねしてる。なかに入ってまねしてるやつがいる。

A――　あなたの顔をまねしているのですか。

マルクス　いや、私はあんな顔じゃないよ。私は立派なひげがあるから。

A――　ですが、あそこに映っている顔には、ひげは生えていないです。

マルクス　いや、だから、何をされたか、ちょっと分からない。理解できない。とにかく、フリーメイソンの諸君、わしを、どうしたいんだね。帰してくれないのか。

A――　いや、あなたは、もう帰っていただいて結構です。

マルクス　そうなのかい。うーん。どこへ帰ればいいんだ?

A――　元の所へです。

マルクス　食事はどうするんだ?

A――　あなたは、この百数十年間、ずっと食べていないのですよ。

マルクス　ああ、そうか。

A――　あなたは、それでも生きられるのです。

B――　まず、自分が死んだことを認めないと、〝繭〟のなかで、ずっと寝続けることになりますよ。

マルクス　わしは、葬式《そうしき》なんか受けた覚えがない。

A――　記録には、「葬式をした」と書いてありますよ。

マルクス　そらあ、嘘だよ、きっと。

A――　では、なぜ、お墓があるのですか。

マルクス　嘘の記事を書いてはいけないよ。

B――　あなたが〝寝ている〟間《あいだ》に、葬式はもう終わってしまったのです。

マルクス　ああ、そうか。ふーん。

A――　あなたは、椅子《いす》に座ったまま、記憶《きおく》がなくなっていませんか。

マルクス　うーん。

A――　椅子に座っていましたよね。

マルクス　ああ、椅子には座るさあ。

A――　あなたは座ったまま亡くなったそうですね。

マルクス　（約八秒間の沈黙《ちんもく》）うーん。うーん。まあ、君たちフリーメイ……。

A――　「鏡」はご存じですか。

マルクス　え？

A――　あなたの時代に鏡はありましたよね。

マルクス　うん、あったよ。

A――　ほら、見てください。あなたの顔と違いませんか。（鏡を見せる）

マルクス　ん？　何だ。変な人が映ってるな。わしじゃない。

D――　動いてみてください。

マルクス　わしじゃない。わしじゃないのに、何だか変なのが動いている。わしじゃない。

これは、やっぱり、何か幻術《げんじゅつ》がかかっている。幻術だな。

君ら、正体は分かったよ。フリーメイソンだ。もう分かった。確定した。うん。理解した。フリーメイソンだな。

A――　いや、「幸福の科学」という宗教団体です。

マルクス　んー、知らないよ、そんなものは。

神を信じ、生前の間違いを反省すべき

A――　今は二〇一〇年です。
あなたに体を貸していらっしゃる方が、あなたが先ほど言っていた救世主です。本物の救世主です。あなたは、その方の体を借りて、今、話をしているのです。

マルクス　それで、君は、わしに何をしてほしいんだい？　いったい、どうしろと言うんだい。

A――　あなたは、やはり反省をすべきです。

マルクス　反省！

A――　はい。

マルクス　何を？　わしゃ何も悪いことをしていない。

A――　あなたの思想のなかに間違いがあるのです。

マルクス　そんなこと言ったって、言論は自由じゃないか。

A――　人間の本質は心なので、ものの考え方が最も大切なのです。

マルクス　うーん。分からん。でも、どうしてエンゲルスと会えないんだろうなあ。生きてるなら会えるはずだし……。

A――　もう百年以上、会っていないはずですよね。

マルクス　いや、わしは、思想としては、あの世があるようなことを信じてる人がいるのは知ってるよ。うん。

だから、まあ、仮に霊界があるとして、「エンゲルスが死んでいる」っていうんだったら、二〇一〇年なら死んでるだろうから、わしはエンゲルスと会えるはずなのに、会ったことがない。霊界だったら会えるはずだのに、会えない。なんで会えない？

A――　それは、おそらく、あなたのほうが深い地獄の世界に堕ちているからでしょうね。

マルクス　ふーん。

Ａ――　もしくは、二人とも同じように無意識界にいるのかもしれません。

マルクス　ふーん。

Ｂ――　あなたは、「肉体が自分だ」と思っていませんでしたか。

マルクス　まあ、そうだ。そうじゃないか。何、言ってるの？

Ｂ――　そう思っていましたよね。

マルクス　そうだよ。あんただって、そうじゃないか。

Ｂ――　だから、「人間は死んだら何もなくなる」と思っていませんでしたか。

マルクス　それは、そうだろうよ。それが唯物論じゃないか。何、言ってるんだ。

Ａ――　けれども、あなたは死んでいるのに、今、しゃべっています。

マルクス　それは、おかしいけど……。まあ、これ、夢かもしらんからな。だけど、この世の人は、みんな唯物論者なんだよ。

A――　違います。

マルクス　食べなきゃ、生きていけないだろ？　だから、唯物論なんだよ。うん。霊が、ほんとだったら、食べなくても生きていける。この世の人は、食べないと死ぬでしょ？

A――　霊が本当の姿なのです。

マルクス　ふーん。

A――　あなたは、もともと霊の世界にいたのです。霊界を知っていたはずです。

救済への思いは正しかったが、思想は間違っていた

A――　あなたは、世の中を救うために出てきたはずです。しかし、間違った思想を

説いてしまったのです。

マルクス　ふーん。

A――　本来、あなたは「天国」という世界の住人でした。しかも、高い世界にいて、使命を持った存在だったのです。

マルクス　うん、それは、ちょっと分かるような気がするな。わしは、「人類を救済したい」という強い思いを持っていたからな、うん。

A――　そういう思いはあったはずです。ところが、あなたは、この世に生まれて、神を否定し、富を憎《にく》んでしまったのです。

マルクス　いや、わしは、「共産主義社会こそ最終形態だ」と思ったがなあ。

A――　そこで失敗したのです。

マルクス　「万国《ばんこく》のプロレタリアートがみな団結して、平等なユートピア社会をつくる。これは人類社会の最終形態だ」と思ったが……。「わしこそが生ける神だ」と思ったよ。うん。

A――「ユートピアをつくろう」という思いは正しかったかもしれません。しかし、あなたは方法論において失敗しました。あなたの考えた、「暴力の肯定」という手法が間違っていたのです。

マルクス　でもさ、キリストだって、「富める者が天国に行くのは、ラクダが針の穴を通るより難しい」とか言ってるじゃないか。だから、わしと一緒《いっしょ》じゃないか。

A――それは、たとえ話ですよ。

マルクス　今一つ納得がいかんなあ。うーん。

A――いずれにしても、あなたは、キリスト教で言えば、本当は「天使」という存在だったのです。

マルクス　ふーん。じゃ、わしは堕天使《だてんし》かい？

A――そうです。

マルクス　あ、堕天使か。そうか、そうか。堕天使か。それは、まずいな。

A――　まずいです。

マルクス　うん。それはまずい。

A――　本来、あなたは天使として、あの世に還らなくてはいけない人だったのです。

マルクス　ふん、ふん（舌打ち）。そっか。うん。ま、何だか、分かったような、分からないような話だが……。

A――　もう、これ以上、話をしてもしかたがないと思います。

マルクスの招霊《しょうれい》は、救世主だからこそできた奇跡《きせき》

マルクス　ま、とにかく、もういいや。「宗教はアヘンだ」と言ったのは悪かった。それは反省する。うん、謝る。「フリーメイソンは正しい宗教だ」ということを認める。

A――　私たちはフリーメイソンではありません。

マルクス　え?

A――　「幸福の科学」と言います。

マルクス　知らんね。

A――　「ハッピー・サイエンス」です。覚えてください。

マルクス　うーん。そんなの知ってる人はいないよ。

A――　いや、今、天上界《てんじょうかい》では、もう当たり前の存在になっています。

マルクス　じゃあ、ライン新聞は出ていないんだな。ここなあ……。

A――　ライン新聞は古くて、もう、ないのではないですか。

マルクス　うん。そうか……。

いや、つい二、三日前、確かに、少し意識がフッと遠くなった感じがあったんだよな。

君ら、よく、わしを見つけて、引っ張り出したなあ。

A――　また暗い世界に戻《もど》ることになりますが、そこで、もう一度、考えてください。

マルクス　よく見つけたな。どうやったんだ。こんなことは未《いま》だかつてないことだ。

A――　それは、救世主だからこそ、できることなのです。

マルクス　え？　こんなこと、見たことも聞いたこともない。体験したことも初めてだよ。

A――　はい、これは、この時代に初めて起きていることなのです。

マルクス　ほう。こんなことが世の中にあるのかあ。

A――　これは一つの奇跡《きせき》ですね。

マルクス　夢かもしれない。

A――　いや、奇跡なのです。

マルクス　夢かもしらんなあ。目が覚めたら、また全部忘れてるんじゃないか。

A――　あなたは、また〝繭〟のなかに入ると思いますが、共産主義という、富を憎む思想、暴力を肯定する思想、「神はいない」「人間は機械と同じだ」と考える思想を流したことを、ぜひ反省してください。

マルクス　うん。まあ、ちょっと、どうしても、君らの言葉との間に壁《かべ》があって、どうしても越《こ》えられないし、わしを納得させてくれる人がいないので、うーん……。

A――　今日、私たちが語った言葉が何かのきっかけになると思います。

マルクス　うーん。

A――　神はいます。

マルクス　うーん、まあ……。

A――　あの世はあります。あなたは霊《れい》です。

マルクス　まあ、とにかく、今日は食事は出ていないが、水だけは出してもらったので、水の代金分ぐらいは何かお返しはしないとな。

日本の水、ヤーパン、バッサー（水）。

（水を飲む）

B――　今日は、とりあえず、「あの世があるかもしれない」「自分は死んだかもしれない」ということだけでもいいですから、持って帰ってください。

マルクス　いやあ。

まあ、もし未来社会というのがあったとして、君らの言うことが正しけりゃ、わしは実は死んでいて、その後、百何十年か寝ていたということになるな。それで、なぜか日本に呼び出されて、人間の体に宿って、質問攻《ぜ》めにあって、反省を迫られて、君らを「フリーメイソンだ」と言ったら、「違う」と言われて……。

ところで、わしの考えを信じている人が現在もまだいるのか。

A――　います。

自分の思想が生んだ〝果実〟の悪さを認めるべき

マルクス　ああ、そうか。じゃ、水の代金だけ何か言ってやるから、言ってほしいことがあったら訊《き》いてくれ。何を言ってほしい？
わしを信じてる人に何か言ってほしいことがあるのか。

A――　では、「あなたは自分の思想をなぜ発表したのか。その思想のどこが間違っていたのか」ということを話してもらえますか。

マルクス　だから、まあ、炭鉱労働者なんかの、何というか、かわいそうな搾取《さくしゅ》のされ方を見たら、「助けてやりたい」っていうのは、もう天使の心じゃないかなあ。
だから、何も間違ってないよ。

A――　「助けたい」という気持ち自体はよいと思います。

マルクス　なんで、こんなふうになっているのか分からない。

Ａ――　あなたの心のなかに、何か不純なものはありませんでしたか。

マルクス　不純なもの……。不純なものがある？

Ａ――　自分として、「これは、いけないな」というような思いは何かありませんでしたか。

マルクス　まあ、お手伝いさんに子供を産まして、エンゲルスに育てさせたという、ま、そんなのは別に不純じゃないな。そんなのは、よくあることだ。

Ａ――　思想の中身についてです。

マルクス　うーん。完璧《かんぺき》な思想だったからなあ。うん。うん。完璧だね。まあ、だから、わしは、「ヘーゲルを超《こ》えた」と思ったがなあ。

Ａ――　ただ、結果として、多くの貧しさが生まれたことは事実です。

マルクス　ん？

Ａ――　そして、多くの人が死んだことも事実です。

マルクス　まあ、あなたは、「果実が悪い」と言うとるわけだな。まあ、「果実が悪けりゃ、木も悪い」と言うとるわけだな。

Ａ――　そうです。果実が悪いのです。

マルクス　まあ、動機はよくても、「果実が悪いから、やっぱり木が悪い」と言っているわけだな。うん。

とにかく、「未来社会があった」ということだな。あなたが言うことを、まあ、聴くとしたら、「未来社会があった」と、「その段階で、マルクスは、まだ覚えられてはいるけれども、もう、悪者扱《あつか》いされておる」という……。

Ａ――　悪者扱いをしているわけではなく、「あなたの思想が不幸を生んでいる」と言っているのです。

マルクスは「現代の出《しゅつ》エジプト」をしようとした

マルクス　うーん。でも、わしは、人間性の本性《ほんせい》に根ざした哲学を構築しただけなので……。

A――「人間性の本性」とは何ですか。

マルクス　やはり、あんたでもそうだろう。人間は、誰でも、人から圧迫されたり、苦しめられたり、虐《しいた》げられたりしたら、解放されたいじゃないか。だから、モーセは出《しゅつ》エジプトをした。な？　ユダヤ人を解放して、エジプトの王様のところから連れて逃《に》げた。これと同じことを、わしは『資本論』でやろうとしたのであって……。

A――その解放の仕方が問題ですね。何をもって、「解放」と言うのですか。

マルクス　だから、そういう圧迫からの解放だよな。奴隷《どれい》扱いされていたユダヤ人をモーセが連れ出したように……。

A――　それが〝搾取している資本家から富を取り返す〟ということになるのですか。

マルクス　モーセは、イスラエル人が奴隷としてピラミッドづくりに使われているのを、神の声に従って助け、カナンの地を目指して、出エジプトしただろ？

わしは、現代の奴隷化された人たちを救うために、言論でもって、哲学でもって、「現代の出エジプト」をやろうとしたわけだ。

A――　あなたの言う解放とは、「豊かな人から、お金を奪《うば》い取る」ということだったのではないですか。

マルクス　うーん。だから……。

A――　それは、「貧しい人に富をばらまけ」ということだったのではないですか。

マルクス　いや、「狡猾《こうかつ》な者たちから、人々を救おうとした」ということであって、そこにあるのは「愛の心」だ。うん。

Ａ――　豊かな人はみな狡猾なのですか。

マルクス　ま、そらあ、狡猾だよ。少なくとも頭はいいわなあ。

Ａ――　豊かな人のなかに、素晴《すば》らしい人は一人もいませんか。

マルクス　だから、わしみたいな賢《かしこ》い人間が、どうして貧しく生きなきゃいけないのか。そういう社会は、やっぱり、おかしいわけだよ。

Ａ――　いや、それは、あなたが貧しさを肯定していたからですよ。

マルクス　そうかなあ。わしだって、新聞が潰《つぶ》されたりしなきゃ、こんなに悲観はしなかったがな。

　わしが執筆《しっぴつ》して、わしが言論を振《ふ》るって、なんで新聞を潰されるのか、ほんとに分からん。ねえ？　世の中、不公平だよな。

　わしの思想が、後世、そんなに広がったんだったら、わしの言論で、新聞は、もっともっと儲かってよかったはずだ。だから、わしは資本主義を憎んどるよ。うん。憎んどる。

A――　しかし、努力した者が報われる社会のほうが、よいのではないですか。

マルクス　わしだって、一生懸命《いっしょうけんめい》、努力したよ、君。わしは、大英図書館で毎日勉強して、原稿《げんこう》を書き続けたんだよ。ものすごい努力をしたんだ。

それなのに、君らの意見によれば、「わしは地獄に送られ、〝棺桶〟のなかで、百数十年も封印《ふういん》されてた」っていうんだからな。エジプトのミイラみたいな言い方をされて……。

A――　それは努力の方向が間違っていたのですよ。

マルクス　うーん。

A――　神に向かって努力をしていれば、もっと素晴《すば》らしい人間になったはずです。

マルクス　じゃ、わしは、どうすりゃ、よかったんだね。

A――　あなたは、まず神を肯定すべきです。

マルクス　ふーん。

A――　神を信じるべきなのです。この世界は、神の創《つく》られた世界なのです。

マルクス　わし自身が、まあ、神だったわけだから……。

A――　違います。

マルクス　虐げられた人たちを解放しようとした、わしが、生き神様だったんだよ、君。

A――　本当の神を肯定しないといけないのです。

マルクス　うーん。そうかねえ。

A――　神の創られた世界を肯定しないといけないのです。

マルクス　うーん。不思議だね。君の言ってる、その神様っていうのは不思議な神様だねえ。何だか、君は「マモンの神」のことを言ってるような感じがする。それは、キリスト教では否定されたんじゃないかと思うがなあ。

君は何か、金儲けの神を正しいと言っていて、「貧しい人は清い」と言ってるようなキリストを否定してるような気がするなあ。うん。

A――　あなたの考え方のなかには、富や豊かさを憎む思想があるでしょう？　しかし、豊かさのなかにも、正しい豊かさと、悪い豊かさの二通りが、やはりあるのです。

マルクス　ハァ。まあ、平行線だな。わしは、もう分からん。

A――　そうですね。もう時間も来ましたので、お帰りいただきたいと思います。

マルクス　じゃあ、帰ることにするわ。何だか、よく分からんが、また機会があればな。うん。まあ、君たちも元気で生きたまえ。

A――　ありがとうございました。

7 やはり、宗教を弱めてはならない

悪魔《あくま》にならないよう無意識界に〝隔離《かくり》〟されているマルクスの霊

大川隆法　ハァー。衝撃《しょうげき》ですね。

やはり予想的中です。「無意識界で、意識不明のまま、寝《ね》たきり状態になっている」という予想でしたが、そのとおりでした。時間がまったく止まったままですね。その後のことに、何にも関係していないようです。

ソ連や中国などで共産主義革命が起きたことさえ知らないし、あの世で悪魔《あくま》として指導したわけでもない。自分の原稿《げんこう》が、本になって出たことさえ知らない。自分の葬《そう》式《しき》も知らない。何も知らずに、無意識界で寝ているのですね。

おそらく、エンゲルスも、近所の〝繭《まゆ》〟のなかに入っていて、付き合いがないものと思われます。これは一種の隔離なのでしょう。ある意味では、「引きずり出されて、悪魔の仲間にされては困る」ということなのかもしれません。

マルクス信仰《しんこう》は非常に強いので、本来なら、悪魔になれる位置にいるはずです。しかし、彼にはマルクスを崇拝《すうはい》している人の声が届いていないようなので、やはり、隔離されているのでしょう。

「天使の救いもないが、自分を崇拝する声も聞こえない」という状態であり、精神病棟《びょうとう》に完全に隔離されたような感じに近いですね。そこから出て、自分を崇拝する人たちを支配すれば、悪魔になれるはずです。

しかし、これは大変ですね。

現代の〝知識人〟は、死後、マルクスと同じような運命を辿《たど》る

ただ、マルクスの今の姿は、ある意味で、現代人の姿そのものではないかと思いま

す。現代の〝知識人〟のなかには、死後、このような状態になる人が、数多くいるのではないでしょうか。

しかし、こんな思想が、「地球の半分を覆《おお》い、百五十年も支配する」というのは、やはり悲しいことですね。

幸福実現党が、「マルクスの『共産党宣言』を滅《ほろ》ぼす」と言っているのは正しいし、ある意味では、彼が復活するためのチャンスともなるでしょう。

マルクス自身は無意識状態ですが、彼の思想は、何度も何度も、亡霊《ぼうれい》のように立ち上ってきては、援用《えんよう》されています。要するに、批判や不平不満の代弁に使われているわけです。

例えば、大手新聞の社長などのなかには、マルクスと同じような状態になる人もいるのではないでしょうか。おそらく、同じように隔離され、百年、二百年と、「一人だけ洞窟《どうくつ》のなかに入っている」という状態になるでしょう。

彼らは、一種の思想犯なので、あの世で、誰《だれ》かに利用されるとか、誰かを〝伝道〟

するとかいうことになると困るわけですね。「無意識界」というのは、本当にあるということです。そこから出さないようにしているので、地獄《じごく》の魔王《まおう》にも悪魔にもならずに済んでいるわけですね。

「これだけ話をして、分からない」という状況《じょうきょう》を見ると、やはり生前の思想が、よほど凝《こ》り固まっていたのでしょう。

このマルクスが、〝唯物論《ゆいぶつろん》・無神論の神〟の筆頭です。日本にも、彼に追随《ついずい》している〝知識人〟がたくさんいます。

東大なども、ほとんど、マルクス思想に乗っ取られています。東大の左派の知識人は、丸山眞男《まさお》を含《ふく》め、みな、この影響《えいきょう》下にあります。彼も、この流れのなかで亡くなっているはずですから、大変ですね。（『日米安保クライシス』〔大川隆法著、幸福の科学出版刊〕第1章「丸山眞男の霊言」参照。）

結論は、「伝道未《いま》だし」

私たちの仕事は、まだ、全然、終わっていません。大変です。

今回の霊言《れいげん》だけでは、マルクスを説得できませんでした。

霊になっている人に、霊であることを認識させることが、なかなかできないのですから、生きている人に、それを理解させることは、さらに難しいでしょう。

要するに、死んでいる人に、死んでいることを納得させられないのですから、生きている人に、死後の世界を納得させるのは、至難の業《わざ》だということです。

しかし、世間では、「左翼《さよく》・右翼のどちらの思想もあって、平等に言論の自由がある。幸福の科学は、右翼側で戦っているだけだ」と思われていますが、今回の霊言を見れば、当会の説いている仏法真理《ぶっぽうしんり》が正しいことは、よく分かりますね。

間違《まちが》った思想を持つと、こんなことになってしまうのですから、やはり、宗教を弱めてはいけません。

しかし、たとえ邪教《じゃきょう》の信者であっても、あの世があることを教わっていれば、もしかしたら、地獄に堕《お》ちたことぐらいは、自己認識できたりするかもしれません。現代の〝知識人〟たちも、あの世に還《かえ》ると、石の棺桶《かんおけ》のようなもののなかで、みな、繭にくるまれたようになって、そのまま、寝ているのではないでしょうか。きっと、そうなると思います。

これは困りましたね。何とかしなければいけません。

私たちは、まだ共産主義思想に勝てないでいます。この思想が、繰《く》り返し立ち上ってきているわけですが、そのなかに一定の知識がちりばめられているので、多くの人が幻惑《げんわく》されるのでしょう。神仏やあの世を根本的に信じていない人が惹《ひ》かれていくわけです。

その後、宗教までが、唯物論にやられてしまいました。唯物論的な仏教が流行《はや》り、キリスト教も実存主義に引っ張られ、「神は死んだ」と叫《さけ》ぶ哲学者《てつがくしゃ》さえ、現れるようになってしまいました。

こうした最悪の時代に、人口が最大に増えているのですから、これは大変ですね。やはり、マルクスの思想を葬《ほうむ》り去らないといけません。これに触《ふ》れた人は、みな成《じょう》仏《ぶつ》できないのですから、やはり、思想的に勝たねばなりません。

信者が、まだまだ足りないですね。「伝道、未《いま》だし」、これが結論です。まだ、日本では、共産党が議席を持っておりますし、中国では、十三億人がマルクス思想を国是《こくぜ》にしているのですから、大変です。

しかし、当会が、「共産主義の独裁体制は問題がある」と主張していること自体は、やはり正しいのです。そうした政府は、やはり国民を解放していないのです。

冒頭《ぼうとう》でも述べた『黄金の法』は、私が最初に書いた著書の一つですが、マルクスについての記述は正確でした。正確無比であり、〝恐《おそ》るべき本〟ですね。そのとおりでした。

では、このへんで終わりにしましょう。ご苦労さまでした。

第2章

毛沢東が語る「大《だい》中《ちゅう》華《か》帝《てい》国《こく》」構想

二〇一〇年四月五日　毛沢東の霊示

毛沢東《もうたくとう》（一八九三〜一九七六）

中国の政治家。中国共産党の創立に参加し、第二次大戦では抗日戦《こうにちせん》を指揮した。戦後は、蔣介石《しょうかいせき》の国民党軍を破り、共産党一党独裁の中華《ちゅうか》人民共和国を建国し、国家主席となる。大躍進《だいやくしん》政策や文化大革命などを推進した。

［質問者三名は、それぞれA・B・Dと表記］

1　毛沢東革命に対する霊的《れいてき》検証の必要性

大川隆法　まず、私のほうから簡単な前置きを述べておきます。

今日は西暦《せいれき》二〇一〇年の四月五日で、時刻は午後二時です。実は、昨夜、「マルクスの霊言《れいげん》」を録《と》りました（本書第1章）。

二時間ほど、マルクスと対話を行ったのですが、彼は、死後、百二十年以上たっているにもかかわらず、本人自身は、自分が死んだことも、霊であることも自覚していない状況《じょうきょう》でした。彼は今、地獄《じごく》の「無意識界」と言われる所にいて、死んだ時点で時間が止まっているような状態にあり、二時間ほど話をしましたが、十分に理解はできなかったようでした。

しかし、マルクスの死後、彼の唱えた共産主義は全世界に広がり始め、その思想に基づいて、ロシア革命や中国共産党革命等が起きたわけです。

共産主義の〝教祖〟に当たるマルクスは、今、そういう状態ではありますが、マルクスの思想を援用《えんよう》して成された中国の毛沢東革命は、霊的に見て、はたしてどういうものであったのかということです。

毛沢東は、「侵略《しんりゃく》する日本軍を追い散らして、中国を統一し、国を護《まも》った」という意味において、死後、光の大指導霊、如来《にょらい》のような立場にいるのでしょうか。あるいは、共産主義に反対する側からすると、彼は、一国の指導者という立場で多くの人を殺したために、死後、地獄のサタンのようになっているのでしょうか。それとも、そのどちらでもないあたりにいるのでしょうか。

私は一九八六年に『黄金の法』を書きましたが、そのときの私の霊的インスピレーションによれば、「毛沢東は、かろうじて天上界《てんじょうかい》に入っているのではないか」ということでした。

しかし、実際に、毛沢東の魂《たましい》と直接に話して確かめたわけではありませんし、その当時は、まだ、彼が死んで十年後ぐらいだったので、その後、彼がどのような境涯《きょうがい》にいるのかについて、追跡《ついせき》調査をしていません。

また、中国が経済面で改革や開放を進め、資本主義のほうへと舵《かじ》を切っているなかにおいて、「今、毛沢東は、どういう立場にいて、どういうことを考えているのか。今も中国を指導しているのか。日本に対しては、どのように思っているのか」ということも分からない状態です。

今後の日本にとって、中国問題は、非常に大きな比重を占《し》めるものでありますし、幸福実現党を通して政治活動や外交活動を行うに当たっては、こうした霊的な背景の部分を調査しておく必要があると思います。それがインテレクチュアル・オネスティ（知的誠実さ）でもあるでしょう。

そこで、白紙の心でもって毛沢東を招霊《しょうれい》し、その意見を伺《うかが》ってみたいと思います。

毛沢東は中国人ですが、幸いにして、過去、中国には光の指導霊がたくさん出ており、当会の指導霊団のなかにも入っているので、そうした光の仲間の力を借りて、同時通訳的に日本語を語ることは可能なのではないかと考えます。おそらく、霊言での対話に支障はないだろうと推定します。

ただ、これは本邦《ほんぽう》初公開ですし、私も毛沢東を招霊するのは初めてなので、どういうかたちで、〝何者〟が出てくるかは分かりません。したがって、質問者のみなさんには、あらゆる角度から質問をし、検証していただければ幸いです。

2 毛沢東思想では死後の生命を説明できない

大川隆法　それでは、招霊《しょうれい》に入ります。

（約十秒間の沈黙《ちんもく》ののち、深呼吸を二回行う）

中国共産党革命の指導者、毛沢東。

現在の中華《ちゅうか》人民共和国を樹立した政治的指導者、毛沢東。

どうか、われらにご協力くださって、霊言を賜《たまわ》りたく、お願い申し上げます。

中国共産主義革命の指導者、毛沢東。中国共産主義革命の指導者、毛沢東。

幸福の科学教祖殿《きょうそでん》・大悟館《たいごかん》に降霊したまいて、われらに、あなたの意見を開陳《かいちん》したまえ。

（約一分間の沈黙）

毛沢東　うん、ううん、うん、うん。

毛沢東は、どのような世界にいるか

A――　毛沢東さまですか。

毛沢東　うん。うん。

A――　今日は、幾《いく》つか質問をさせていただきたいと思い、お呼びいたしました。

毛沢東　うん。

A――　質問をさせていただいて、よろしいでしょうか。

毛沢東　うん。うん。

A――　昨晩、マルクスを霊界からお呼びしたところ、「無意識界」という所にいて、自分が亡くなったこともご存じないような状況《じょうきょう》でした。

毛沢東　うん。うん。

A――　あなたは、今、どのような世界におられるのでしょうか。

毛沢東　うーむ。（約十秒間の沈黙）
　私は中国にいる。うん。

A――　中国におられるのですか。

毛沢東　うん。

A――　霊界におられるのではないですか。

毛沢東　うん？

A――　霊界ではないのでしょうか。

毛沢東　うーん。霊界？

A――　はい。

毛沢東　うーん、うーん……。いや、中国だ。うん。

「死んでも生きている」ことの思想的裏付けができずにいる

Ａ――　ご自身が亡くなられたことは、ご存じですか。

毛沢東　うん？　うーん。

Ａ――　あなたは今〝生きておられる〟のですか。それとも、「亡くなった」という自覚をお持ちですか。

毛沢東　うーん、うーん。生きてはいるが、死んでもいるようだ。うん。

Ａ――　死んでもいると……。

毛沢東　死んだが、生きている。

Ａ――　それは、「霊魂《れいこん》として生きている」と認識しておられるわけでしょうか。

毛沢東　うーん、思想的には、もう一つ理解は不能であるが、私が死んで、葬式《そうしき》をされたことは、上空から見てはいた。しかし、私には命がある。

A――　はい。

毛沢東　まあ、これを説明する思想がないので、意味はよく分からない。

A――　お亡くなりになってから、日々、どのような生活をされていますか。

毛沢東　うーん、うーん、うーん……。まあ、うーん、うーん。いや、考えておるのだ。うーん。考えておるのだ。「毛沢東思想に含《ふく》まれていない事象があった」ということの意味を、どう説明すべきなのか、考えておるのだ。うん。

A――　それは、具体的に言うと、どういうことになりましょうか。

毛沢東　だからだなあ、いちおう、唯物論《ゆいぶつろん》に基づく共産主義革命をなし、階級闘争《とうそう》を行うのが私の仕事であった。

そして、私は、階級闘争に勝ち、抗日戦《こうにちせん》にも勝ち、救国の英雄《えいゆう》となり、国をまとめ、強国となし、大国となした。

その後、一時期、ソ連との緊張《きんちょう》関係や、アメリカとの緊張関係のなかにもあったが、アメリカとも国交を回復し、世界から惜《お》しまれて亡くなったようにも記憶《きおく》している。しかし、なぜか、今、生きているので、これについての思想的な裏付けが、もう一つ分からない。

A――「これについて」というのは、ご自身が生きておられることについての思想的裏付けですか。

毛沢東　そうだ。「死んでも生きている」ということが、どういうことなのかについて、哲学的《てつがくてき》説明が十分にできない。

A――それは、哲学ではなく、宗教によって説明すべきなのではありませんか。

毛沢東　まあ、宗教は否定されたからな。宗教は民間伝承としてはあるが、共産主義革命においては、宗教は否定された。否定されたものが、この現象を説明するというのは、矛盾《むじゅん》である。

A――　矛盾ですね。

毛沢東　うん。

A――　あなたのお母さまは、仏教を篤《あつ》く信じておられたとも聞いています。

毛沢東　うん。まあ、歴史的には、中国は仏教国でもあったし、儒教《じゅきょう》国でもあったし、道教《どうきょう》国でもあったわけだから、ま、信仰《しんこう》のある人はいることはいるが、私は、共産主義革命を執《と》り行った者として、自分の思想に忠実でなければならないと考えている。

霊界《れいかい》という「現実」を認めると、革命の正当性が失われる

A――　あなたの思想のなかには、「現実を見据《みす》える」という考え方はありませんか。

毛沢東　現実論ですよ、君。私の思想は現実論そのものです。

A――　では、「亡くなっても生きている」という現実を、どのように説明すべきでしょうか。

毛沢東　まあ、だから、わが闘争においては、やはり、地上での戦いにおける戦略・戦術が中心であって、「地上での命を終えてのち、どうなるか」ということについての戦略・戦術は説いていなかったので、これについて、今、静かに理論構築に入っているところである。

A――　それは、理論ではなくて、「まず、現実を受け入れる」ということから始めるべきなのではないでしょうか。

毛沢東　いやあ、現実を受け入れると中国革命の正当性が失われるおそれがあるので、それが失われないようにしながら、現実を説明する理論を、今、考えているところだ。

A――　はあ。それでは、今、どのように考えが煮詰《につ》まってきているのでしょうか。

毛沢東　うーん。まあ、「偉大《いだい》なるマルクスが間違《まちが》うはずはない」と思っている。偉大なるマルクス、エンゲルス。ロシア革命を成し遂《と》げ、中国共産党革命を成し遂げた、この偉大なる力は、神にも似たものであるはずだからして、マルクス無謬説《むびゅうせつ》、

「マルクスに一切の誤りがあるはずはない」ということを信じておる。

それで、この世ではうまくいったし、革命は成就《じょうじゅ》したし、日本には勝ったし、蔣介《しょうかい》石《せき》らを追い出して中国の大統一をなし、今、中国は隆々《りゅうりゅう》と繁栄《はんえい》しているようであるから、われは秦《しん》の始皇帝《しこうてい》以来の大革命に成功したものだと思われる。

ただ、今の自分の状況が、いったい、いかなるものであるかについて、説明する理論を欠いているために、そこが今、いちばん苦しいところである。うん。

A――　その〝偉大なるマルクス〟は、「自分自身が死んでも、まだ生きている」ということについて、なぜ、そうなっているのか、皆目《かいもく》、見当がつかない様子でした。

毛沢東　そうか。そうであったか。

A――　はい。

毛沢東　まあ、こちらに来て、「マルクス師にお会いしたい」と思っていたんだが、お会いすることができないので、「きっと神になられたのだ」とばかり思っていた。

A――　マルクスは、地獄《じごく》において、ある意味で、隔離《かくり》されたような状態になっていきます。

毛沢東　うーん。ま、それは、にわかには信じがたい話であるな。納得はせんだろう。

A――　はい。本人も納得はしていませんでした。

毛沢東　中国十三億の民《たみ》も、それは、納得はせんであろう。

A――　はい。ただ、マルクスは、「死」というものに対して、まったく知識がなかったがゆえに、自分自身が死んでいるにもかかわらず、「死んでいない。私はまだ生きている」と、昨日《きのう》は、ずっとそのように言っていました。

毛沢東　うーん、そうか。

いやあ、「生きている」ということについては、私も疑問を同じくするものである。だが、共産主義のなかには、「唯物論」というものが究極の哲学として入っているので、唯物論という以上、そういう霊魂なるものは、迷信として片付けなくてはならないのだ。そうしなければ、筋が通らず、革命の正当性が失われる。

A――　筋が通らないのですね。

毛沢東　うん。

「宗教は表立った存在であるべきではない」と考えている

A――　では、本心から、「宗教はアヘンだ」と思っておられるのでしょうか。

毛沢東　まあ、私は、民間伝承的に、宗教があったり、葬式があったり、神頼《かみだの》みがあったりすること自体は否定しない。そういうものが、「すべて、この地上にあってはならない」と思っているわけではない。

それは古来からあるものなので、そうした習慣まで、全部、否定しようとは思っておらぬが、しかし、中国の近代化のためには、科学的社会主義をとり入れて、その理論の下《もと》に国家を打ち立てなくてはならないと、強い使命感を感じていた。

A――　そうすると、「宗教は、あってはならないものである」ということでしょうか。

毛沢東　まあ、「あってはならない」とは言わないが、「表立った存在であるべきではない」ということだな。うん。すなわち、マスコミや教育において表れていいようなものではないということだ。

A――　あなたが革命を成し遂げる過程で、多くの方が亡くなられたと聞いています。また、近年も、四川省《しせんしょう》において大地震《おおじしん》があり、数万人の方が亡くなりました。そういう方々は、あの世において、まだ生きているのではないでしょうか。

毛沢東　うん？

A――　要するに、彼らは、自分が死んだことを理解できているのでしょうか。

毛沢東　うん？

A――　仏教で言えば、いわゆる「成仏《じょうぶつ》」をして、あの世にきちんと還《かえ》れているのかということです。この点については、どのように見ておられますか。

毛沢東　いやあ、それはだなあ、うーん……。政治家としての私の仕事は、やはり権力闘争であったので、まあ、そういう死んだあとのことまでは考えていないんだよ、君。

死ねば、この世に影響力《えいきょうりょく》はなくなる。まあ、あの世があるかないかは知らんが、あったとしても、死ねば、この世からは去って、この世に影響力はなくなるわけだ。

そういう意味において、正しい結論というか、まあ、共産主義の革命を成就するためにはだねえ、マルクスの教えどおり、「革命は銃口《じゅうこう》から生まれ、暴力を産婆《さんば》として成就するもの」であるからして、十億人を超《こ》える人口のなかで、いささかの人が異端《いたん》分子として排除《はいじょ》されることになったとしても、それは、「大の虫を生かすために小の虫を殺す」ということにすぎないのである。それは指導者としてやむをえない選択《せんたく》である。だから、まあ、「死後のことについては、われわれの関知することではない」ということかな。うん。

毛沢東の近くには、どのような霊人がいるのか

A――　今、あなたの周りには、どなたかいらっしゃいますか。

毛沢東　うん？

A――　近くにいて、交流している方はいらっしゃいますか。

毛沢東　うーん。いやあ、敵が多くてなあ。たまに人を見かけることはあるんだが、にらみ合って、お互《たが》いに近寄らないような関係が多いんだなあ。

A――　どのような敵でしょうか。

毛沢東　うーん、まあ、劉少奇《りゅうしょうき》とか林彪《りんびょう》とか［注1］、いろいろな者たちがいるらしいのだが、まあ、付き合いまではいかない。

また、夫人であった江青《こうせい》も、文化大革命を主導していたが、粛清《しゅくせい》されてしまい、今は、どうも、ずっと下の世界にいるらしいので、私と話ができるような状態にはない。

だから、革命の同志たちが、バラバラになっているような状況かなあ。うーん。

A――　あなたのおられる世界は、明るい世界ですか。

毛沢東　うん？　君、変なことを訊くなあ。何を訊こうとしているのかな？

A――　それとも暗い世界ですか。

毛沢東　明るいも暗いも……。君は、何と比較《ひかく》して、明るいとか暗いとかと言っているんだ？

A――　例えば、この空間よりも明るいでしょうか。

毛沢東　こんなに明るくはない。

A――　そこでは闘争が繰《く》り返されているのでしょうか。

毛沢東　いや、そうではない。闘争が繰り返されているわけではない。まあ、ときどき人影《ひとかげ》は見かけるが、みな、どちらかと言えば、闘争ではなくて、学者のような感じがするんだがなあ。

A――　学者のような感じですか。

毛沢東　うん。研究をしたり、考え事をしている人たちのように見えるんだが。

A――　みな、善《よ》い方々ですか？

毛沢東　は？

A――　善人と言われるような方々でしょうか。

毛沢東　いやあ、いい悪いは、ちょっと分かりかねるなあ。うん。

A――　そうですか。分かりました。

毛沢東　今、ちょっと、動きとしてあるのは、まあ、儒教関係の者たちが中国で復活を果たしつつあるらしいので、彼らが、わしらの世界にもやってきて、あなたのように、何か説教しようと思っているらしいことは分かるのだが……。

A――　あなたに対してですか。

毛沢東　そうだ。わしらに何か手ほどきをしようとしているらしいのだが、ま、生意気であるからなあ。学者の分際《ぶんざい》で、この偉大な指導者に対して生意気であるので、まあ、あまり聴《き》いてはいない状態かな。

A――　そうですか。

毛沢東　うん。

〔注1〕毛沢東は、「大躍進政策《だいやくしんせいさく》」の失敗により、副主席であった劉少奇（一八九八～一九六九）に国家主席の座を譲《ゆず》ったが、その後、毛沢東が権力奪回《だっかい》のために発動した「文化大革命」によって、劉少奇は失脚《しっきゃく》した。

その文化大革命を推進した一人が、林彪（一九〇七～一九七一）であり、劉少奇に代わって毛沢東の後継者《こうけいしゃ》と目《もく》されたが、毛沢東から権力への野心を警戒《けいかい》され、批判を受けるようになる。危機感を抱《いだ》いた林彪は、毛沢東暗殺を計画するが失敗し、飛行機で逃亡《とうぼう》中に墜落《ついらく》死した（林彪事件）。

3　革命運動の奥《おく》にあった真の目的とは

革命家が治世を行うのは、軍人が商売をするようなもの

A――　それでは、話題を変えさせていただきます。現在、あなたは、地上の中国に対して、指導をされているのでしょうか。

毛沢東　鄧小平《とうしょうへい》以降が、わしの路線とは違《ちが》う。

A――　はい。

毛沢東　まあ、周恩来《しゅうおんらい》まではよかったんだがなあ［注2］。鄧小平からあとが、どうも……。うーん、あんなものは共産主義なのかなあ。

わしらは純粋《じゅんすい》な理想に燃えておったのに、鄧小平が、金儲《かねもう》けを一生懸命《いっしょうけんめい》に教え込《こ》んだみたいで、純粋な革命運動が、やや不純になったんではないかなあ。

A――　なるほど。ただ、それは、あなたが進めた「大躍進政策《だいやくしんせいさく》」の失敗に原因があるのではないでしょうか。

毛沢東　まあ、十億を超《こ》える民《たみ》を食べさせていくことは、この世的にも、たいへん難しいことではあるので、いろいろな方策がとられるのは、まあ、やむをえないと思う。

しかし、鄧小平以降、方便として、そうした西洋型の資本主義らしきものを一部導入したが、それで、国を立て直せたときに、元の純粋な革命路線に戻《もど》すのか、もう戻す気がないのか、このへんについて深く憂慮《ゆうりょ》しておる。

A――　当時、大躍進政策は、なぜ失敗してしまったのでしょうか。

毛沢東　うん？　まあ、わしは革命家だからねえ。革命家というのは、戦いをして、敵を倒し、国を統一するところまでで使命は終わりなんだが、まあ、幸か不幸か、わしは長生きをしてしまったために、内政というか、治世をやらねばならなくなった。

こういうものは、本来、二代目以降の仕事であるんだが、初代が「革命」と「治世」を両方やらなければならなくなった。考え方としては、軍人が商売をするようなものかな。軍人が商売をしてもうまくいかないのと同じで、まあ、指導期間が少し長すぎたために、自分自身、やや変革が難しかったかなと思う。

「多様な価値観」を認めていては革命は成就《じょうじゅ》しない

A――そのあとにとった政策として、文化大革命がありましたね。

毛沢東　うーん、まあ、これは、今からすると評判が悪いが、まあ、彼らは、革命の原点に戻って、純粋化を目指したんだと思う。

かつて、われらは、非常に質素ななかでゲリラ活動をしていた。日帝《にってい》の攻撃《こうげき》を避《さ》けて西へ西へと迂回《うかい》しつつ、中国最深部まで逃《に》げながら、引きずり込んで討《う》つ。要するに、「スターリン戦術」を使って、「『一歩前進、二歩後退』をしつつ内側に引きずり込んで、日本軍の兵站線《へいたんせん》が伸《の》びたところを討つ」というかたちで、ゲリラ戦による抗《こう》日《にち》戦線を敷《し》いて、日本を疲弊《ひへい》させ、最終的に、大日本帝国主義を潰《つぶ》すことに成功したんだ。

ただ、戦争が終わったあとの平和な時代に、逆に、だんだん日本化してくるような流れが中国にも出てきたわけだ。江青《こうせい》その他の「四人組」と言われる者たちは、毛沢東主義を、もっと徹底《てってい》し、純粋化しようとしたんだが、いったん資本主義の味をしめた者たち、まあ、ネズミを食べることを覚えた猫《ねこ》たちは、もはや禁欲ができなくなっていて、「ネズミを食べるのを禁ずるのならば、それを禁ずる人たちを襲《おそ》う」というような感じかな。

だから、彼らは、純粋な毛沢東主義に戻すために、「批林批孔《ひりんひこう》」運動を起こし、「孔《こう》子《し》や林彪《りんぴょう》のような考えを消し去って、毛沢東原理主義に戻さねばならん」ということで、わしの跡《あと》を継《つ》いだつもりでやっていたんだけれども、その純粋さが仇《あだ》となり、欲望に染まった人民から逆襲を受けて、逆に粛清《しゅくせい》されるようなことになった。このことは、まことに残念で、哀《あわ》れであると思っている。

A――　それは、むしろ、「欲望」というよりも、知識人たちや、儒教《じゅきょう》の教師たち、チベット仏教の僧侶《そうりょ》たちを、殺害したり粛清したりしたことへの反動だったのではないでしょうか。

毛沢東　まあ、考えとしては、そうかもしらんが、革命を成就《じょうじゅ》するためには、一枚岩というか、「価値観の一元化」をしなければならないものなんだよ。多様な価値観を認めて、「他の価値基準や存在のなかにも、よいものがたくさんある」という考えでもっては、革命はなかなか成就しない。

そういう意味での「純粋化」が必要であったわけだ。いろいろなものを認めると、要するに、それぞれが「反革命勢力」として成長してくるため、国が一つにまとまらなくなって分裂《ぶんれつ》するおそれがある。

弾圧《だんあつ》という言葉は、非常に聞こえが悪いけれども、現実は、そういうふうにしないといけないわけであって、本当に自由など与《あた》えたら、政府は何度でも転覆《てんぷく》する。それは中国の歴史が証明しているとおりだ。

今も、各地で暴動が相次いでいるようで、それに対する中国政府のやり方は、欧米《おうべい》や日本などの諸外国からは評判が悪いようだ。けれども、強権主義的なところを捨てたならば、暴動が成功してしまう。地方都市などが独立宣言をしたりして、中央に牙《きば》を剝《む》くようなことが起きてくるんだな。それから、自治区になっている他民族の地域なども独立し、旧ソ連のように国が分裂してしまう可能性がある。

やはり、国を一つにまとめるためには、常に敵をつくるか、原理を一元化しなくてはいけない。そういう純粋化の働きは必ず起きてくるものだ。

宗教でも、それは起きているじゃないか。異端審問《いたんしんもん》による異端排除《はいじょ》ということは、キリスト教などでも起きている。まあ、それと同じだ。規模が大きくなったら、どこでも同じで、あなたがたにも同じことが起きるさ。原理的には一緒《いっしょ》だよ。一定の規模になれば、どこでも同じだ。

国を一つにまとめるために、「抗日《こうにち》」を掲《かか》げて革命を起こした

A――そうすると、あなたの行《おこな》った革命の奥《おく》にある目的とは、いったい何だったのでしょうか。何を正義とし、何を目指して革命を起こしたのでしょうか。

毛沢東　それは抗日《こうにち》だよ、君。何を言っているんだよ。

A――抗日は正義になるのですか。

毛沢東　それは正義だよ。決まっているじゃないか。

日本の軍隊が中国に攻《せ》め入って、爆撃《ばくげき》し、略奪《りゃくだつ》し、殺人をするなど、中国のなかを荒《あ》らし回っていたわけだから、あなたがた日本の言葉で言うところの「攘夷《じょうい》」をして、「日本軍をたたき出し、中国国民の国をつくる」というのは、悲願だな。

これを行う人は、どこの国であろうと英雄《えいゆう》だよ。「外国の軍隊に国が荒らされたときに、それを追い出して、国を一つにまとめる」という仕事は、誰《だれ》がやっても、どの

国であっても、英雄行為《こうい》だよ。われらは、侵略《しんりゃく》行為など何もやっていない。

Ａ――　それでは、国が一つにまとまったあとの構想として、あなたの思想、あるいは理想のなかには、どのようなものがあったのでしょうか。その核《かく》は何でしょうか。

毛沢東　だから、まあ、あとは……。マルクスの考えた共産主義の夢だな。そういうユートピア世界の実現を目指したんだ。

貧富《ひんぷ》の差のない平等な国、つまり、みなが労働者であって、平等な労働者が治める国をつくろうと努力したわけだな。そういう平等な社会は、あなたがたの国においても一つの理想じゃないか。

戦後、農業国から工業国に移行できず、貧困《ひんこん》がさらに進んだ

Ａ――　ただ、現実には、革命の当時も多くの餓死者《がししゃ》が出ましたし、「大躍進」のときにも餓死者が出るなど、貧困《ひんこん》はさらに進んだはずですね。

毛沢東　うーん、まあ、それは、農業国であったためにな、どうしても、農業生産高と、食べていける人口との差は出るし、そもそも戦争でずいぶん疲弊しておったのだ。君らは、日本軍がどれほどの悪さをしたかは知らないだろう。アメリカとの戦いは四年弱だったかもしれないが、中国と日本との戦いは、実はもっともっと長い戦いであり、日本軍は中国内陸部まで入り込んで、そうとう悪さをしておったのだ。銃声《じゅうせい》が絶えず、砲弾《ほうだん》が飛び交《か》うなかで、農業などできるものではないからな。まあ、そういう意味での……。

A――　戦争中の話ではなく、そのあとの問題です。

毛沢東　だから、戦後の復興というのは、大変だったんだよ、君。

A――　日本は、戦後、すぐに復興しましたよね。

毛沢東　うーん。

A――　なぜ、中国は、すぐに復興できなかったのでしょうか。

毛沢東　まあ、工業国には移行していなかったということだよ。単なる農業国のままだったからな。

A——「大躍進」では、工業化を目指したのではありませんか。

毛沢東　目指したんだけれども、それによって、共産主義との矛盾《むじゅん》が起きるところが難しかったんだ。工業を計画経済的にやると、どうしても非効率的なところが出てきて、平等の正義が貫《つらぬ》けなくなるんだ。

なぜ、中国が、アメリカや日本やヨーロッパのようにならないのか、それが分からなかった。

まあ、わしが亡くなったあとあたりからは、海外に留学生も数多く行くようになって、欧米資本主義国のやり方をだいぶ勉強して帰ってきたようだ。そういう者たちが、今、国の経済の一部を資本主義化させ、企業家《きぎょうか》になって金儲けをやっておるようだな。

ただ、マルクスの『資本論』に予言されているとおり、そういう資本主義は、やがて暴落し、破滅《はめつ》し、大恐慌《だいきょうこう》が起きて奈落《ならく》の底に落ちていく。結局、そういう金持ちは滅びることになっておるんだよ。

だから、まあ、貧しく見えても、農業中心の考えでよかったんじゃないかと、わしは思うんだがなあ。（舌打ち）

A── 分かりました。ありがとうございます。それでは、質問者を替《か》わらせていただきます。

［注2］周恩来（一八九八〜一九七六）は、中華《ちゅうか》人民共和国の建国以来、死去するまで、失脚《しっきゃく》することなく中国の首相を務めた。文化大革命では毛沢東を支持したが、林彪事件後は、穏健《おんけん》派として文化大革命の行きすぎ是正《ぜせい》に当たった。

鄧小平（一九〇四〜一九九七）は、文化大革命等で二度失脚するが、毛沢東の死後に復活を果たし、一九八三年には国家中央軍事委員会主席に就任して、中国の最高実力者となる。毛沢東の文化大革命を全面的に否定し、改革・開放路線へと大転換《だいてんかん》を行った。しかし、一九八九年に起きた第二次天安門事件では、民主化を求める学生運動を武力弾圧した。

4　中国はアジアの覇権《はけん》国家を目指している

「共産党一党独裁」を維持《いじ》するため、政治面で押《お》さえをかけている

D――　これまでのお話を伺《うかが》っておりますと、現在の中国や世界の情勢に関して非常に明るいように思いますので、私のほうからは、現代のことについてお伺いします。

現在、中国、あるいはほかの国で、具体的に指導したり、影響《えいきょう》を及《およ》ぼしたりされているところはあるのでしょうか。

毛沢東　うーん、今、中国の政治について、ちょっと路線対立があるので、わしは、中国共産党の指導部が壊《こわ》れずに、一枚岩でこの国を引っ張っていけるように、たがをはめる仕事をしている。

政治のほうが壊れないように、つまり、指導部が西洋かぶれし、いろいろな政党をつくって議会制民主主義などやらないように、押《お》さえている。そんなことをしたら、

この国は支離滅裂《しりめつれつ》になるので、「共産党一党独裁」というマルクスの理想を維持《いじ》するように、政治的な部分では、そういう押さえをかけている。

D――　特定の個人を指導されてはいないのでしょうか。

毛沢東　まあ、政治指導者で、ある程度、わしを信奉《しんぽう》する気持ちが残っている者には、指導をしているがな。

ソ連邦《れんぽう》の崩壊《ほうかい》が、中国の軍備拡張を加速させた

D――　最近の中国を見ると、軍備拡大路線が非常に顕著《けんちょ》であるように思います。

毛沢東　うーん。

D――　天安門事件があった一九八九年ごろを境に、毎年、軍事費が二桁《ふたけた》成長を続けていて、この二十年あまりで二十倍に増えているわけですが、中国としては、その軍事力を背景にして、どのような戦略を考えているのでしょうか。

そのへんの未来戦略について教えていただければと思います。

毛沢東　いや、その前に言っておきたいのは、一九九一年だったか、ソ連邦《れんぽう》が崩壊《ほうかい》したな。

第二次大戦後、ソ連はアメリカとの冷戦を続けていて、宇宙ロケットの打ち上げ競争から始まり、「共産主義が勝つか、資本主義が勝つか」という競争を、ソ連対アメリカで何十年かやっていた。

先ほど、「なぜ、中国は工業化がうまくいかなかったのか」と、意地悪なことを言うやつがおったけれども、まあ、ソ連のほうは、重化学工業の成功を見ていたし、宇宙開発ではアメリカに先んじたところもあったので、「共産主義のほうが優れている」と言われた時代もあるんだよ。君らが生まれたころか、子供のころだったかは知らんけれどもね。

だから、共産主義のほうが、自由主義、資本主義の世界よりも進んでいて、「計画経済は素晴《すば》らしい」と言われた時代があったのさ。そういう競争をしておったのだよ。

ところが、ソ連邦がアメリカとの競争、冷戦に敗れて崩壊し、見るも無残な結果になった。そして、ソ連に支配されていた東欧《とうおう》の衛星国も、みなバラバラになり、今ではEUのほうに加盟している。（舌打ち）そのように、西側のほうの勝利の基盤《きばん》が広がっていって、ロシアまで、そちらのほうに屈従《くつじゅう》してきた感じだな。

また、ソ連が押さえていたいろいろな共和国も、みな次々と独立をしていった。

それを見て、「中国をこのようにさせてはならない」ということで、軍備の拡張が大々的に行われていったわけだ。

米ソ冷戦の結果として、アメリカの勝利は間違《まちが》いなかったので、アメリカの次の仮想敵国が中国になることは、もう明らかであったし、日本とアメリカの日米安保条約から見て、「もし、金持ちで工業力もある日本と、軍事力の強い世界最大の国であるアメリカとが組み、この二国で中国に競争を仕掛《しか》けてきたら、もう一度、中国は占領《せんりょう》されるおそれがある」と考えられたので、そういうことにならないように、防衛上、軍事費を拡大してきた。

また、中ソの対立も、だいぶあったのでな。ロシアも、いつ牙《きば》を剝《む》いてくるか分からないし、また、隣《となり》のインドも拡大中であるので、中国は軍事拡張をしている。まあ、四面《しめん》を敵に囲まれるおそれがあるため、国家を護《まも》るためには、そのくらいの防衛費はやむをえないと考えているわけだ。

D――　そうすると、やはり、防衛のための軍備拡張であると。

毛沢東　もちろん、防衛のためですよ。もちろんそうです。かつて日本にやられたようなことを、もう二度とやられたくはないからね。

D――　なるほど。

毛沢東　うん。

「アジアのことは中国に任せろ」と言いたい

D――　ただ、中国は今、例えば、航空母艦《こうくうぼかん》の建造をはじめ、かなり軍事力を増強しています。一説では、「中国は、ハワイから西の太平洋とインド洋の制海権を押さえて、覇権《はけん》を広げようとしている」という見方もあるのですが、この点についてはいかがでしょうか。

毛沢東　まあ、それは、善悪の「悪」ではないのではないかな。かつての清朝《しんちょう》の時代や、大唐帝国《だいとうていこく》の時代、また、チンギス・ハンの元《げん》の時代など、中国が世界帝国だった時代はあるわけであるから、毛沢東革命成功の暁《あかつき》に、その後継者《こうけいしゃ》が、革命の発展段階として、世界帝国を再び甦《よみがえ》らせるということは、別におかしいことではないのではないかな。君らが考えていることも同じだろう。うん?

D――　そうすると、やはり、防衛というよりも、覇権拡大の路線をとっていると解釈《かいしゃく》してよいのでしょうか。

毛沢東　アメリカだけが世界に艦隊を展開し、中国のような大国が空母も持たないというわけにはいかんでしょう、君。中国は国連の常任理事国でもあるわけだし、世界の五人に一人は中国人なんだから、国を護るためには、多少の空母艦隊ぐらいは必要だろう。

アメリカが、アメリカ周辺やヨーロッパぐらいに口を出すのは分かるけれども、アジアまで来てだなあ、中国問題だ、台湾《たいわん》問題だ、北朝鮮《きたちょうせん》問題だ、日本の問題だなどと、このへんのところにまで首を突《つ》っ込《こ》んできて、あまり偉《えら》そうに言わせては、やはり、将来的に介入《かいにゅう》の口実を与《あた》えることになる。

だから、まあ、「アジアのことは中国に任せろ」ということだ。「アメリカは、欧米のほうを中心にやっておれ。あるいは、南米とはうまくいっとらんようだから、そちらのほうをやっておれ。アジアのほうは中国に任せろ。今後、世界は米中の二極体制で発展していくのだ」と、まあ、こういうふうに言いたいわけだよ。うん。

数年以内に台湾《たいわん》を取り、次に朝鮮《ちょうせん》半島を属国化したい

D――　「アジアのことは中国に任せろ」というお話でしたが、具体的に、台湾《たいわん》、日本、北朝鮮《きたちょうせん》、韓国《かんこく》などに対する戦略がありましたら、教えてください。

毛沢東　まあ、基本的にはねえ、あまり弱気でいくと、逆に、中国を攻める橋頭堡《きょうとうほ》にされてしまう可能性がある。

日本や米国が、台湾を基地にして中国に攻め込むとか、あるいは、韓国を足場にして中国に攻め込むとか、そのようなことがあっては相成らんので、やはり対抗《たいこう》戦略が必要だ。

台湾が資本主義の橋頭堡となって中国を攻めたりしないようにするためには、やはり、逆に、台湾に対して圧力をかけて中国化する政策をとるのは、まあ、当たり前のことだ。

また、北朝鮮も、さんざん悪い国だと言われておるけれども、もし、朝鮮半島が統一されて資本主義化してしまったら、中国の敵としては、沖縄《おきなわ》以上に怖《こわ》い存在だなあ。韓半島が米国の手中に落ちたら、こちらは地続きなので、沖縄以上に怖い存在になる可能性はあるわな。

そういう意味で、「防衛線をどこで引くか」ということは、やはり、軍事的には大きな問題だな。まあ、わしは、国を工業化、あるいは商業化して、金を儲《もう》けるのはうまくなかったけれども、軍事的には天才であったので、そのへんについての勘《かん》は外れない。

D――　そうすると、「北朝鮮、韓国、台湾のあたりは、現状維持でよい」というお考えなのでしょうか。

毛沢東　いや、台湾はいただきます。これは、もう、取っておかないと、何と言うか、「目の上のたんこぶ」だな。うん。台湾はもらっておきますよ。

あなたがたから見たら、「台湾は中国とは別の国であって、日本を護るために台湾は必要だ」と言うだろうけれども、われわれからすると、台湾は、日本の元植民地であって、日本文化がだいぶ入っておるし、わしらが戦った蔣介石たちが逃《に》げ込んだ先でもある。

やはり、追撃戦《ついげきせん》をして、蔣介石を引っ捕《とら》え、台湾を制圧できなかったことに、悔《くや》しさが残っているし、これは将来の火種そのものだな。

まあ、これは、かつて、「鴻門《こうもん》の会」で項羽《こうう》が劉邦《りゅうほう》を取り逃《に》がしたようなもので、今、台湾を取り逃がしたら、いつ、また力をつけてくるか分からない。

台湾が「イスラエル化」して強くなったりしたら大変なことになる。中国にとっては脅威《きょうい》だな。「台湾が核《かく》武装して、中国を狙《ねら》う」などということになったら、アメリカ本土はまったく無傷のままで、中国人同士が核兵器の撃《う》ち合いをするようなことになりかねない。

そういうアメリカの傀儡《かいらい》政権を台湾につくられると、非常に危険である。韓国にも同じことは言えるわな。

まあ、そういうことで、やはり、台湾は絶対に取らなければいけないし、北朝鮮は弱ってはいるけれども、何とか支えて、南北朝鮮を中国寄りの立場で統一させなければいけないと考えている。

「朝鮮半島を押さえる」ということは、日本に対しても、ロシアに対しても、にらみを利かせるという意味において非常に重大な布石であるので、これをやっておかないといけない。だから「朝鮮半島を属国化する」ということは大事だな。これでロシアと日本の両方を牽制《けんせい》する。

「朝鮮半島を戦場にしても、中国本土は戦場にしない」というのが、基本的な戦略・戦術である。わしは、軍事については天才なんだ。

Ｄ――　そのために、中国は軍備増強を図《はか》っているということですね。

毛沢東　まあ、当然だな。うん。

Ｄ――　それでは、「台湾を攻め取る」という行動を、具体的には、いつごろ起こす予定なのでしょうか。

毛沢東　台湾ねえ。

Ｄ――　はい。

毛沢東　今は何年だったかな？

Ｄ――　二〇一〇年です。

毛沢東　二〇一〇年ね。うーん。
まあ、今、アメリカが衰退《すいたい》し始めていて、中国が強くなり、経済的には日本を抜《ぬ》くと言われている。
軍事力的に、そうだねえ……、まあ、アメリカが、今、衰退して、覇権主義をやめようとし始めているし、ロシアは、それほど帝国主義化せず、弱い状態にあるし、日本は、一時期、右翼《うよく》的な政権ができて再軍備、憲法改正の動きが強くなったが、それを崩《くず》すことに成功した。
そういうことから考えると、やはり二〇一〇年代に台湾を取ってしまわなければいけないな。日本に民主党政権ができて、非常に親中、中国寄りの政権だということなので、今は台湾を取るチャンスだし、韓国を取るチャンスだし、尖閣《せんかく》諸島を取るチャンスでもあると思うな。
D――　では、近々ということですね。
毛沢東　ええ、数年以内。

D――　数年以内ですね。

毛沢東　うん。

D――　韓国についてはいかがでしょうか。

毛沢東　韓国については、北朝鮮の核兵器が実戦配備できるようになったら、あとは、アメリカの状況《じょうきょう》や日本の国内事情との相関関係によるな。

「日本に中国寄りの政権が出来上がっていて、アメリカは、覇権主義をやめて孤立《こりつ》主義をとり、国内の財政再建に熱中して軍事費用を削減《さくげん》する方向にずっと流れていく。そして、中国は、外貨を貯めてアメリカの国債《こくさい》をたくさん持ち、債権者としてアメリカに脅《おど》しをかけている」という状況であれば、まあ、チャンスはあるな。うん。

日本を無条件降伏《こうふく》させ、「属国」にしたい

D――　分かりました。それでは、日本についてお伺いしたいと思います。

現在、日本の民主党政権は、非常に親中的な考えを持っていますが、現在の日本について、どのように考えておられますか。

毛沢東　うーん、まあ、悔しいね。戦争では、最後、わしらは戦勝国になったことにはなっておるけれども、実際に日本の軍隊をさんざんやっつけて勝ったわけではない。日本が、広島《ひろしま》、長崎《ながさき》に原爆《げんばく》を落とされてアメリカに降伏《こうふく》した結果、わしらも戦勝国になったわけだけれども、「日本の軍隊をさんざんに蹴散《けち》らし、壊滅させて、独立を果たしたかった」という気持ちはあるから、そういう歯がゆさがあるんだよ、歯がゆさが。君、分かるか。

野球で言えば、送りバントに失敗したような悔しさだよ。分かるかな？　送りバントに成功していれば一点入ったのに、それが入らなかったような、そんな悔しさがわれわれにはあるわけだ。

自力でもって、日本軍を壊滅させたかった気持ちはあるなあ。日清戦争も敗れておるし、無敵の日本軍であったので、本当は、日本と戦争して、一回、こてんぱんにやっつけたい気持ちはあるなあ。

中国は核兵器もだいぶ整備してきたので、一回、日本の総理大臣に土下座させて、命乞《いのちご》いをさせ、無条件降伏をやらせてみたい。一回、やらせてみたいなあ。そうすれば、中国人の積年の怨念《おんねん》は、かなり晴れるだろう。金を取っただけでは、まだ納得がいかないいなあ。

D――　そういう気持ちがありつつも、まだ具体的な計画まではできていないということでしょうか。

毛沢東　ん？　何の？

D――　日本と戦争をするとか、日本を攻めるとか。

毛沢東　うーん、まあ、今、中国は、経済が発展・拡大しておるので、日本が属国になるのは時間の問題だろう。戦争によって属国にするか、経済的に支配して属国にするか、それは指導部の判断によるが、まあ、いずれ属国にはなるだろうな。うん。

小沢訪中団は「朝貢《ちょうこう》外交」の始まり

D――　昨年（二〇〇九年）の十二月には、民主党の小沢一郎幹事長が、民主党の国会議員と支持者を合わせて六百人以上を引き連れ、中国を訪問しました。

毛沢東　うん。

D――　この訪中の意味や、その際に小沢幹事長と中国の幹部層との会談でどんなやり取りがあったのかなどについて、何かお話しいただけることがあればお願いします。

毛沢東　いやあ、君、そらあ、政治家だから、外交辞令で終わってるさ。本音の交渉《こうしょう》などするわけがないだろう。

でも、あれは、日本が大唐帝国の再興を認めたということだよ。中国に対して、朝貢外交を始めたということだ。まあ、それでいいんだよ。うん。

これから「大中華《だいちゅうか》帝国」が始まって、ウイグルや内《うち》モンゴル、チベット、台湾などと同じように、日本も、もうすぐ中国文化圏《ぶんかけん》に入るということさ。ンフフフ。

D――　民主党、あるいは現政権の中枢部《ちゅうすうぶ》に対して、何か工作というか、作戦のようなものは行われているのでしょうか。

毛沢東　いやあ、君、中国は、もう核大国なんだよ。そして、有人宇宙ロケットも打ち上げているんだよ。日本には、有人宇宙ロケットはなくて、アメリカやロシアのロケットに乗せてもらって飛んだりしているような、情けない状態だろう？

日本は核兵器を持っていないんだろう？　それで、憲法九条とか、アメリカから押し付けられたものを、反抗もせずに、そのまま後生《ごしょう》大事に抱《だ》いていて、しかも、そういう他国に占領されやすい政策を維持することが「正義だ」と言っている政党が、国内で頑張《がんば》っておるのだろう？

ま、下のほうは、もう全部、中国から手は回しておるけれどもね、まあ、何の謀略《ぼうりゃく》もない、ばかな国民なので、籠絡《ろうらく》するのは、わけはないわな。

あと、アメリカが、経済的にも政治的にも衰退を始めている。アメリカは、ベトナム戦争、イラク戦争、アフガン戦争と続いて、だんだん敗色が濃《こ》くなっており、世界から嫌《きら》われ始めている。

今、アメリカがもう戦争をできなくなるように、中国ロビーを使って、アメリカの国内世論《せろん》を盛り上げ、沸騰《ふっとう》させるように努力しておるので、やがて、オバマが「アメリカは、もう軍事介入を一切しない」と宣言するように持っていけたらいいなと思っている。

「アメリカは、自国が攻められたとき以外、他国の戦争には、一切、軍事介入をしない」という「孤立宣言」を出させるようにしようと、今、仕向けているところだ。

まあ、そうなれば、あとは、核大国である中国が日本以上の経済大国になったときに、もう日本の取る道は一つしかないよな。今の北朝鮮みたいに中国に頼《たよ》って生きていくしか道はないいんだよ。ンフフフフ、アッハッハッハ。

5　日本の外交は、どう見えているか

謝罪外交を繰《く》り広げる日本人は「頭が悪い」

D――　話題を変えます。「日本の外交は、中国や韓国《かんこく》に対して弱腰《よわごし》で、謝罪外交を繰《く》り広げている」という批判もありますが、どのように思われますか。

毛沢東　まあ、頭の悪い人は、しかたがないんじゃないか。言われて、言い返せないんだろ？　頭が悪い人が負けたらいいじゃないか。われらは、欧米人《おうべいじん》と論争できるだけの論争術を持っておるから、口でもって言い返せるが、日本人は言い返せないで、「はい、はい」と聴《き》いてしまうんだから、何を言われようと、しかたがないじゃないか。

頭が悪い者は滅《ほろ》びるしかないんだから、損をしたって、しかたがない。それだけのことだよ。

それを、新聞社やテレビ局、そういう世論が後押《あとお》しをしとるんだろう。そういう国民はばかなんだから、ばかな国民が損をしたって、それは正義そのものじゃないか。

D――　それでは、「過去の日中戦争について日本は謝るべきだ」とお考えですか。

毛沢東　謝るも何も、それは、まあ、やっちゃいけないことだろうよ。

だから、「正当防衛」という考えがあるんでしたら、中国軍が日本に上陸したって、「私らは正当防衛で、過去の復讐《ふくしゅう》をきちんとしているだけだ」と言えますよ。

D――　一方で、あなたは、生前、「日中戦争は共産党にとって最大のチャンスである」とおっしゃったと聞いております。

毛沢東　うん、うん。

D――　これは、どういう意味でしょうか。

毛沢東　うん。「常勝《じょうしょう》思考」だな。君たちも言ってるじゃないか［注3］。常勝思考だよ。そらあ、やはり困難を転じて福となす。まあ、そういうことだな。うん。

中国が主張する「南京大虐殺《ナンキンだいぎゃくさつ》の死者数」は現実の十倍以上

D――「南京大虐殺《ナンキンだいぎゃくさつ》」と言われるものがありますが、中国は、「当時、日本軍が南京市民三十万人を虐殺した」と主張しており、これが、「日本たたき」の論拠《ろんきょ》になっています。これについては、事実だとお考えでしょうか。

毛沢東　うーん。まあ、「言ったもん勝ち」だからなあ。おそらくは十倍以上の数だろうとは思うよ、現実よりはな。二、三万人も死んではいないだろう。まあ、数千、多くて、二、三万というところだと思う。

おそらく、民間人も一部は含《ふく》まれておったろうけれども、今のイラクやアフガンと一緒《いっしょ》で、民間人に変装した軍人が、そうとう入っていたことは間違いない。ゲリラ戦をやっていたと思うので、国際常識から見れば、日本軍が南京を支配するときに、ある程度の戦争が起きたことは当然だろうとは思っているよ。

ただ、根拠のない数字であるから、ま、言ったほうが勝ちさ。だから、「三十万、死んだ」と言って、それを信じる人が大勢いるなら、言うべきだよな。だから、日本も言えばいいんだよ。「広島《ひろしま》で百万人が死んだ。長崎《ながさき》でも百万人が死んだ。アメリカ人に二百万人も殺された」と言えばいいんだよ。ずっと言い続けていたら、分からなくなるから。そのうち、アメリカの国内に信じる人が出てきたら、「アメリカは悪い国だ」と言い出すよ。

日本は、死んだ人の数を正確に数えるんだろ？　だから、ばか正直だよな。

D――　では、やはり、事実ではなく、「誇大《こだい》広告」といいますか……。

毛沢東　中国は、君、「白髪《はくはつ》三千丈《じょう》」の世界なんだよ。ね？　三千丈の白髪が、あるわけないだろうが。でも、中国は、それが通る国なんだよ。

A――　それを利用している中国と、それを受け入れる日本のマスコミとは、何か、つながっているんでしょうか。

毛沢東　まあ、安上がりでいいじゃないか。口だけで戦えるんだから。なあ。「砲弾《ほうだん》を使わずに口だけで戦う」っていうのは、本当に知能での戦いだ。日本は、そういう謀略《ぼうりゃく》体質が、ちょっと弱いな。日本も、ＣＩＡみたいなものをつくらなきゃ駄目《だめ》なんじゃないか。勝てないぞ。

「靖国《やすくに》問題」ですぐ腰《こし》が引ける日本を、中国人は笑っている

Ａ――　中国側は靖国《やすくに》問題についてもよく言及《げんきゅう》しますが、それも戦略なのですか。

毛沢東　ちょっとつついたら、すぐ腰《こし》が引けるのを、わしら中国人たちは笑っとるよ。だって、よその国の総理大臣がさあ、自分のところの戦没者《せんぼつしゃ》を慰霊《いれい》するのは、そんなの勝手じゃないか。当ったり前だよ。こんなの国際常識だよ。日本の首相が、終戦記念日だろうが、何の日だろうが、靖国神社に参拝するなんて、そんなの当たり前だよ。主権じゃないか。主権国家として当たり前のことじゃないの。そんなの、われわれ、みんな知ってるさあ。

だのに、文句をつけたら、すぐ、やめるんだもの、面白くって、やめられないよ、これ。だから、一回も二回も言ってみるのさ。そうしたら、日本のマスコミが必ず「お提灯持ち《ちょうちん》」をしてな、そして、「行く、行かない」が大騒動《おおそうどう》になって、もう、ばかみたいな国だよな。アハハハ。

A――　それは、「日本の政権崩《くず》し」ということでしょうか。

毛沢東　まあ、ありがたい話だよね、こんな、本当に軟弱《なんじゃく》な国になってくれて。ええ。経済が強くても、政治が弱いために、この国は怖《こわ》くないね。ありがたい。ばかみたいだけど、ありがたい。ウフッ。ハハハハ。

なんで、こんなに弱くなったのか。まあ、アメリカさんのおかげだな。アメリカさんが、戦後、日本を骨抜きにしてくれたために、こんなになったんだろうから、ま、これについてはアメリカに感謝しとるな。うん。ンフッ。

元の日本は強かったからなあ。とっても強かったので、怖かったよ。本当に大変だったよ。日本軍は怖かったよ。強い、強い。

日本の陸軍兵士が十人いたら、中国人が百人でかかっても勝てないぐらい強かったからな。精神的にも強かったし、訓練も十分に受けていたし、指揮命令系統も、そうとうなものだった。信念を持っとったから、ものすごく強かったね、日本軍は。わしらは、どこで戦っても負けたからね。

それが、今、こんなに精神的に弱くなったっていうんだから、まあ、中国の国防上、非常にいい結果になってるわな。この体制は続けていただきたいと思うね。

鳩山《はとやま》の「友愛外交」、いいじゃないかあ。友愛外交っていうのは、「中国に貢物《みつぎもの》を持ってくる」ってことだろ？　いいことだと思うなあ。パンダなんかを、たまに、やればいいんだろ？　一匹《いっぴき》ぐらい。まあ、いいと思うな。民主党政権が永続することを祈《いの》ってるよ。

［注３］中国では、二〇〇八年に、『常勝思考』（大川隆法著、幸福の科学出版刊）の中国語訳が発刊され、ベストセラーとなった。

6　「統一国家」か、「民族独立」か

「統一国家こそ中国人の悲願」と毛沢東は考えている

D――　日本の国民が持っている、中国の印象というものは、情報統制等に見られるように、非常に強圧的な政治あるいは社会というものです。一方、北京《ペキン》オリンピックや上海《シャンハイ》万博の開催《かいさい》などに見られるように、最近は経済が非常に発展しており、また、映画などエンターテインメントの面でも非常に西洋化し、発展・繁栄《はんえい》の方向へ動いてきていて、今、印象が非常に変わりつつあるところだと思います。

そうした印象を持っている日本国民に対して、何かメッセージがありましたら、いただけますでしょうか。

毛沢東　一つだけ、やはり、忘れてはならんことはだな、「この二千年、あるいは、

それ以上の歳月《さいげつ》の間《あいだ》、中国にとって、『統一国家をつくる』ということが、いつも悲願であった」ということだな。気を許せば、いつも分裂《ぶんれつ》国家になり、群雄割拠《ぐんゆうかっきょ》になって、各地で争いが起きる。まあ、あなたがたの言葉で言えば、「救世主が現れて、国を統一してくれないか」という願いが、いつの時代にもあったわけだ。

だから、「国が統一されている状態にある」ということは、中国人にとっては、非常に幸福なことであるんだよ。「これだけ大きな国を、いろいろな民族が多く入っているなかで、まとめる」ってことは、大変なことなわけだから、そうした統一国家への夢というものが、やはり根底にあるわけだ。

まあ、そのためにマルクス主義も利用したわけで、マルクス主義だけで成った統一国家ではない。昔から、そういう統一国家として、いろいろな王朝が何百年かおきに起きており、今回は、たまたま、時流に乗り、マルクス主義で以《もっ》て国をつくったわけではあるけれども、それがなかったとしても、統一国家への理想は、やはり、常にある国である。

おまえら、いや、失礼、あなたがたの国は、ちっちゃな、ちっぽけな、爪《つめ》の先ぐらいの国であるからして、こんなのをまとめるのは、中国で言えば、一省をまとめることよりも小さいことだろうから、まあ、省の長官ぐらいが日本の総理大臣だろ？　まあ、そのくらいのもんだから、このくらいの国をまとめるのは、そんな大したことではないけれども、「大中国をまとめる」っちゅうのは大変なことなんだよ。

だから、まあ、そういう理想というものが働いているので、日本側の印象うんぬんと言われても……。

まあ、それは、「大小を比べてみれば、『大統一国家を護《まも》る』ということのほうが、やはり大きな善である」ということだ。その大きな善の前には、多少の言論統制とか、警官の出動とか、情報の統制とかがあるのが当たり前であって、日本のほうが、おかしいんだよ。

日本のように、毎日、首相の悪口を書くマスコミが、何の取り調べも受けずに放置されるような状態自体が異常であり、これは行き過ぎだと私は思いますがね。ええ。

これでは、何のために警察を持っているのか、何のために自衛隊を持っているのか、さっぱり分からないね。

首相の悪口を書かれたら、警官隊を、やはり、すぐ派遣《はけん》すればいいじゃないか。なあ。中国なら、することだよ。新聞とか週刊誌とかが、首相の悪口を一面などにたくさん書いたら、警官隊を百人ぐらい、その日のうちに送ったらよい。それで鎮圧《ちんあつ》は終わるのに、なぜ、そうしないんだろうな。

編集局長を引っ張ってきて、牢屋《ろうや》につないだら、それで終わりだよ。な？　また書いたら、もう一匹《いっぴき》、引っ張ってきて、つないだら終わり。簡単に終わるんだよ。それで、国民の意識が統一できるんだ。簡単なことじゃないか。それができないのは勇気がないからだな。うん。

D――　それでは、国民には、「言論の自由」や「知る権利」というものは、特に保障され……。

毛沢東　いや、あってもいいが、十三億人の国民のレベルは、そんなに高くないんだよ、君。だから、今、それをやっているのが、エリートである共産党の幹部たちであって、あとの下々《しもじも》の者たちは、自分の生活のために努力しておれば、それでよいのだよ。

「強い中国」を維持《いじ》するために、民族の独立は断じて許さない

D——　次に、民族問題についても伺《うかが》っておきたいと思います。

先ほど少し話が出ましたけれども、中国は多民族を抱《かか》える国で、チベットやウイグル、内《うち》モンゴルといった自治区を持っております。あなたも、若いころには、地方分権といいますか、地方自治を進めるような考えとして、各省での人民自決主義というものを唱えておられたと聞いています。

しかし、今、ウイグルやチベットなどでは、暴動が起きて、それを制圧するといったことも行われており、世界からも、いろいろな批判が出ているのですが、現時点においては、この問題を、どのようにお考えになっているのでしょうか。緩《ゆる》やかな連邦《れんぽう》

制《せい》がいいのか、あるいは、「各民族が独立をしてもいい」というようにお考えなのか、このあたりを教えてください。

毛沢東　中国全体の利益を考えたら、やはり、そんなに民族自決をさせるべきではないだろうね。

また、「各民族が、それぞれの国をつくって独立することが、善である」と断定する根拠は、どこにもないのであって、やはり、優れたる考えがあれば、その下《もと》に団結しても構わないわけである。「一定の思想の下に、いろいろな民族が一つになれる」というのは、それはまた、非常に進んだ考えであると思うね。

「各民族が、それぞれの国をつくって独立する」というのは、「昔戻《むかしもど》りをする」ということでもあるわけだから、私は、それには必ずしも承服しかねる。

だから、「強い中国」を維持《いじ》しようとするかぎり、そういう独立運動は断じて許しませんね。

D―― 各民族を中国の支配下に置いておく根拠、あるいは正当性というものは、どこにあるとお考えですか。

毛沢東 いや、国は大きければ大きいほどいいんだよ。君らが会社をつくっても、会社は大きけりゃ大きいほどいいんだろ? そして、ほかの会社を吸収合併《がっぺい》までして大きくなっていくじゃないか、資本主義の社会でもな。

恐竜《きょうりゅう》も、体が大きくなったことには、それだけの理由があるさ。小さいと食べられるからな。国が大きければ大きいほど、その人口が、経済力になり、軍事力になり、世界ナンバーワン国になっていく力になるわな。

これが、半分になり、三分の一になったりして弱まっていき、内乱が起きそうになるのは、外国の策略にしかすぎないわな。

だから、チベット問題、ウイグル問題、モンゴル問題等で、中国国内に内戦が起きるのを喜んでいるとしたら、われらから見れば、それは悪魔《あくま》の喜びにしか見えないわけだ。

D――　独立の動きの背景には、民族の違《ちが》いや、信じている宗教の違いがあると思うのですけれども、これについては、「寛容《かんよう》に取り扱《あつか》って、治めていく」というお考えはないのでしょうか。

毛沢東　う一ん、まあ、多少の自由は認めているんじゃないか。ただ、あくまでも中国の主体性をなくさない範囲《はんい》での自由だな。

中国では、「無神論」「唯物論《ゆいぶつろん》」が国是《こくぜ》ではあるけれども、チベット自治区をつくったときには、ダライ・ラマという、政治性の強い、変なインチキ坊主《ぼうず》を追い出してはいるものの、ほかの宗教指導者については、中国が主体になって選び、仏教国としてのチベット自治区の体裁は護っているわけであるからして、まあ、ある程度、配慮《はいりょ》はしていると言えるんではないかな。うん。

D――　分かりました。

では、質問者を替《か》えさせていただきます。

7　中国の外交とエネルギー戦略

中国が核兵器《かくへいき》を持ち込《こ》めば、北朝鮮《きたちょうせん》は簡単に核武装ができる

B――　それでは、質問させていただきます。
先ほど北朝鮮《きたちょうせん》の話が出ましたけれども、北朝鮮が核《かく》を持つことについて、中国としては、どのように考えているのでしょうか。

毛沢東　まあ、表向きは、「それに賛成すると、国際世論《せろん》上、孤立《こりつ》しやすい」という判断の下《もと》に動いてはいる。
ただ、その裏では、やはり、中国の統制が利《き》く範囲内《はんいない》で核兵器を持っておれば、ある程度、日本と韓国《かんこく》に対して、にらみが利くし、米国の注意力を、そちらに引きつけることもできるので、「友邦《ゆうほう》である北朝鮮が、ある程度、核武装をするのは、悪いこ

とではない」と考えている。

Ｂ――「六カ国協議で北朝鮮に核を放棄《ほうき》させる」という話もありますけれども、実は、「本心は、そうではない」ということでしょうか。

毛沢東　そんなの、決まってるじゃないか。

だって、別に、北朝鮮に開発させなくたっていいんだよ。鴨緑江《おうりょくこう》を越《こ》えて、中国から核兵器を持ち込《こ》んだら、それで終わりなんだから、北朝鮮が開発するかどうかは、どうでもいいことなんだ。簡単なんだよ。うん。中国から北朝鮮に核兵器を持ち込んだら、核武装は、すぐできるんだ。そんなの、一週間もかからないよ。

だから、無駄《むだ》な議論なんだよ。ただ、中国としては「北朝鮮が独自で核開発をする」とか何とか言って、まあ、日本や韓国、アメリカを揺《ゆ》さぶり、交渉《こうしょう》材料に使ってるだけさ。本当は、どちらでもいいことなんだよ。

君ら、北朝鮮だけが暴走して、中国は暴走しないと思っているのか？　ハハハハハ、それは甘《あま》いな。

北朝鮮の核施設《しせつ》を破壊《はかい》したところで、中国のほうから援助《えんじょ》したら、簡単に核国家になるんですから。まあ、そういう関係だな。

先進国が省エネに走れば、中国は石油が使い放題になる

B―― 分かりました。

今、中国は、ものすごい経済発展を遂《と》げているところですが、それと同時に、「石油が足りない。不足している」と言われております。今後、石油戦略については、どのように考えているのでしょうか。

毛沢東　うーん。まあ、これは頭の痛いところではあるけれども、先進国が省エネに走ってくれている。アメリカも「脱《だつ》石油」と言っているし、日本も、「クリーン・エネルギー、グリーン・エネルギーによって、CO_2の削減《さくげん》に励《はげ》む」とか言って、本当

にありがたいことだよ。だから、中国に「石油を使っていい」と言ってくれているんだろうと思うな。

中国の統計なんて、全部インチキだから、中国は、いくらでも使い放題になる。だから、「中国に石油を下さる」ということだと思うよ。

先進国のみなさんが、石油を使わないように努力してくださる。その間《あいだ》、経済的には、まだ発展途上《とじょう》の部分もある中国が、工業が発展するまでは石油を使わせていただく。そのためのシーレーンを護《まも》らなければならないので、海軍力を強化しておく。まあ、それだけのことだな。

B――　そうしますと、「日本海や東シナ海も、中国のほうで管理していきたい」ということでしょうか。

毛沢東　当然ですね。日本は、鳩山《はとやま》さんが奨励《しょうれい》している太陽光発電と風力発電と、まあ、その他で生きていけばよろしいんじゃないですか。中国のために、石油の使用をきちんと減らしてくれるそうだから、結構なことだと思うな。

「米中同盟」が成立する？

B——　では、今度は、アメリカのことについて、質問させていただきます。
今、アメリカでは、初の黒人大統領であるオバマ大統領が誕生しておりますが、「オバマ政権には非常に中国派が多い」と言われております。このオバマという人物を、毛沢東さんは、どのように見ておられますでしょうか。

毛沢東　うーん、〝いいカモ〟だな。やはり、基本的に、いいカモだな。あと、女のクリントンも併《あわ》せて、中国の老獪《ろうかい》な外交戦略の前には無力だ。まったくの無力で、アメリカは人材選びを間違《まちが》えたな。

B——　オバマは、中国に対して、どのような戦略を持っていると思いますか。

毛沢東　ないんじゃないか、まったく。「まったくない」と思う。「まったく持ってない」と思うな。「中国と紛争《ふんそう》を起こす」ということを、ただただ怖《こわ》がって、避《さ》けたいと考えていると思うよ。

B――　それと同時に、今のアメリカは、中国の経済を非常に頼りにしているようにも見えます。

毛沢東　うん。まあ、そうだな。買ってほしいらしいな。中国は人口が多いからな。

B――　国債《こくさい》を引き受けてもらいたいと……。

毛沢東　うん。まあ、国債も当然ながら、物を買ってもらいたいんだろう。「中国が経済的に発展することで、アメリカの物をたくさん買ってもらいたい」と思っとるな。うーん。

B――　中国の経済においても、貿易輸出はアメリカ向けがほとんどなのですが、中国とアメリカの経済面での密接な関係は、今後、どのようになっていくのでしょうか。

毛沢東　米中同盟が成立するか、アメリカが、やがて、中国に敗れる段階が来るか、まあ、どちらかだな。

B――「米中同盟が成立する」と？

毛沢東　それか、アメリカが敗れるか、どちらかだ。選択肢《せんたくし》は、その二つしかない。アメリカは、「中国に敗れる」と思ったら、米中同盟を結ぶだろう。中国を攻撃《こうげき》するような姿勢を、まだ続けるようなら、中国は、アメリカを飲み込むように努力する。

アメリカが中国を取れば、日本は切り捨てられる

B――先ほど、「ここ数年以内に台湾《たいわん》を狙《ねら》う」という話もございましたが、そのとき、アメリカは台湾を護れますでしょうか。

毛沢東　護れないね。うん。護れない。イラク、アフガンで戦って、疲弊《ひへい》し、軍事費や核兵器の削減を言っている状況《じょうきょう》で、わざわざ中国と全面対決するようなことは、で

きるわけがないでしょう。中国と全面対決するんだったら、核兵器の削減も、軍事費の削減も、できるわけがない。台湾ごとき、ちっぽけな島のために、そんなことはできるわけがないから、助けるふりをして、見殺しにする。

B――　また、「中国はアメリカに対してもミサイルを向けている」という話を聞いたことがありますけれども……。

毛沢東　向けてるよ。うん。

B――　これは、アメリカを攻撃することも可能なものなのでしょうか。

毛沢東　うーん。まあ、こちらから先制攻撃をする気はないけれども、もし、台湾の問題で、アメリカが第七艦隊《かんたい》を送って、「中国との戦争も辞さず」みたいな態度を示すんだったら、「アメリカの各都市に照準を合わせている」ということを、当然ながら発表して、「いつでも発射できる態勢にある」と言うぐらいの威嚇《いかく》を北京《ペキン》はするだろうな。

B――　日本にもミサイルは向けられているのでしょうか。

毛沢東　当たり前でしょう。日本は無防備だから、なんにも護ることはできないよ。やあ、これも、いいカモだ。これは、いつ料理するかだけの問題だね。もう時間の問題で、今、料理の仕方を考えているところだ。カモは、どういう食べ方が、いちばんおいしいかを、今、考えているところかな。

B――　どのようにして食べようと思っているんですか。

毛沢東　うーん。そうだなあ、やはり、蒸《む》して食べるのがおいしい感じがするから、まあ、「上から銅のふたをかぶせて、じっくりと煮込《にこ》み、肉を柔《やわ》らかくし、カモの骨から汁《しる》を出させて、柔らかい肉をナイフとフォークで切り裂《さ》いて食べる」というあたりが、いいところだな。ハハ。

B――　ただ、日本の場合は、台湾とは違って、アメリカとの結びつきも深く、今、民主党政権下で揺らいではおりますけれども、長年、密接な関係が築かれておりますので、アメリカが黙《だま》っていないのではないでしょうか。

毛沢東　いや、まあ、あんなばかな総理を選ぶような国民を、もう護ってくれやしないよ。アメリカは護ってくれないよ、もう。いつ手を切るかを、今、計算しているところさ。コンピュータにかけて、計算しているところだよ。もうすぐ、日本を捨てて中国を取るよ。彼らは、そんなにばかじゃないからね。

アメリカは、今年、日本と中国のGDPが引っ繰《く》り返るのを待っておるし、引っ繰り返ったあと、差がついてくるのを待っているよ。そして、日本国民が弱ってくるのを待っているのさ。日本は切り捨てられるよ。

B――　では、やはり、「米中同盟の可能性が高い」ということでしょうか。

毛沢東　間違いないね。九十パーセントそうだね。あとの十パーセントは米中戦争だ。

B――　分かりました。

8　「宗教」に対する考え方

宗教に力を持たせると国家転覆《てんぷく》の危機が来る中国

B――　質問を変えさせていただきます。

先ほど宗教の話が出ました。「宗教はアヘンである」という、マルクスの言葉については、「伝統的な宗教なら、あってもいい」というような話だったかと思います。

今の中国では、宗教に対し、非常に弾圧的《だんあつてき》な政策が採《と》られていると思いますけれども、このあたりの政策を変更《へんこう》する可能性、あるいは「信教の自由」というものについては、どのようにお考えでしょうか。

毛沢東　西側に向けて、多少、宣伝色を強めるために、一部は解禁するつもりではいるけれども、宗教に、国家を転覆《てんぷく》させるだけの力を持たせないようにする枠組《わくぐ》みは、しっかり保たなくてはいけないと思っている。イスラム教みたいに、爆弾《ばくだん》テロの温床《おんしょう》のようになったのでは、国家転覆の危機が来るので、そういうことは起こさないようにさせねばならない。

その意味での、宗教の怖《こわ》さは、よく知っている。もう一つの政府が出来上がる可能性があるので、「宗教については、賢《かしこ》く監視《かんし》しながら、緩《ゆる》やかに解放しているように見せる。そういうポーズをとる」ということだな。「中国に対して友好的なところには、少しずつ恩恵《おんけい》を与《あた》える」というあたりかな。

B――　では、「今の政策に関しては特に変えるつもりはない」ということでしょうか。

毛沢東　基本的にはね。うん。

毛沢東は幸福実現党をどう見ているか

B――　今、私たち幸福の科学は、中国に対しても、書籍《しょせき》の翻訳《ほんやく》・出版というかたちから始めて教えを普及《ふきゅう》させ、精神的な影響《えいきょう》を与えんとしております。このことに関しては、ご存じでしょうか。

毛沢東　うーん。あまりよくは知らなかったんだけど、まあ、最近、すこーしだけ知識を仕入れはしたんだ。

まあ、政党なんて、あんなもの、つくらないほうがいいんじゃないか。あんなものをつくれば、宗教の評判が落ちて、中国での伝道ができなくなる。な？　ああいう右《う》翼型《よくがた》政党をつくって、中国敵視政策を打ち上げていたら、伝道はできないよ。中国政府は認めないよ。

中国の十三億の人々に、おまえさんたちは伝道したくて、しょうがないんだろ？　あの政党をつくったために、それができなくなるよ。あの政党をやめたら、できるよ。早くやめなさい。

議員もいないような、無駄《むだ》な政党活動など、しないことがいちばんだな。宗教は宗教で、おとなしくやるんだ。人の病気治しをするとか、心を慰《なぐさ》めるとか、そういうことをやっている分にはいいけれども、政治運動に転化するなら、中国では危険だ。政府転覆を企《くわだ》てるテログループの親戚《しんせき》のような存在と判定されるので、残念ながら、中国伝道はできないな。

だから、あの政党は早くやめてほしいな。うん。

Ａ――　早くやめてほしいのですか。

毛沢東　うん。

Ａ――　幸福実現党の主張については、どのように思われますか。

毛沢東　え？

Ａ――　幸福実現党の政策や主張については、どのようにお感じになっていますか。

毛沢東　中国を敵視するような政策は、やめていただきたい。

Ａ――　なぜ、やめなければいけないのでしょうか。

毛沢東　あなたがたの利益にならないから。

A――　中国の利益になるのでしょうか。

毛沢東　「中国が日本を攻め取る言い訳になるから、やめたほうがいい」と言ってるんだ。

A――　「言い訳」になる？

毛沢東　幸福実現党の考え方から言えば、防衛を強化して、富国強兵をするんだろ？「中国とでも戦う」と言いかねない雰囲気《ふんいき》じゃないか。そんなことを言えば、中国は、「それ見たことか」ということで、第七艦隊《かんたい》に対抗《たいこう》できるような艦隊をつくりますよ。だから、あなたがたは日本を助けているつもりで、逆に日本を滅《ほろ》ぼす勢力になるね。

A――　そうしなければ、あなたがたは日本を占領《せんりょう》しようとするのではないですか。

毛沢東　そんなことはないよ。小沢一郎とか鳩山由紀夫《はとやまゆきお》とか、〝賢い〟人たちが、日本を中国の属州にして、攻められないようにしようとしているじゃないか。

Ａ――　あなたは、先ほど、彼らをばかだと言っていたじゃないですか。

毛沢東　ばかだというのは分かっているよ。ばかは分かっているけど、ばかにも利用価値はあるんだよ。ばかでも、そういう、「血を流さず、平和裡《り》に吸収される」というところが、ある意味では賢いじゃないか。

中国の属国になると、共産主義が宗教の代替物《だいたいぶつ》になる

Ａ――　では、日本を属国とした場合、次のシナリオとして、宗教はどうなりますか。

毛沢東　宗教？　そんなの、なくなるよ。

Ａ――　どのようにして、なくなるんですか。

毛沢東　「共産主義が宗教の代替物になる」ということだな。

Ａ――　「幸福の科学以外の宗教も、すべてなくす」ということでしょうか。

毛沢東　まあ、葬式《そうしき》や先祖供養ぐらいは、少し残してもいいがな。政治性を持ったものは弾圧する。

ただ、創価学会《そうかがっかい》は、そのへんでは先見性があって、中国にずいぶん恩を売り、中国のスパイ養成所になって、頑張ってくれている。池田大作《いけだだいさく》氏には、名誉博士《めいよはかせ》号を中国の各大学がずいぶん贈《おく》っていて、手なずけておるので、創価学会は日本侵略《しんりゃく》の際の足場になると思うな。

A――　ただ、中国の歴史を見てみますと、時代の変わり目に必ず宗教が反乱を起こし、黄巾《こうきん》の乱とか、太平天国《たいへいてんごく》の乱とか……。

毛沢東　で、鎮圧《ちんあつ》される。鎮圧されて、大量の人が死ぬんだよ。

A――　「そこから国が乱れ始めている」という事実がございますね。

毛沢東　うん、うん、そうだね。そして、大量の人が死ぬんだ、それでな。

A――　それで国が変わっていきますよね。これは、「圧政を行っても、人の心は、決して変えることができない」ということを意味しているのではないでしょうか。

毛沢東　う一ん。まあ、圧政を行っているわけじゃない。今は、もう日本以上に商売の自由は認められてきていて、あとは豊かさが広がっていきつつあるわけだ。このように、穏《おだ》やかに中国自体が変革しようとしているときに、あえて、あなたがたが波風《なみかぜ》を立てる必要はないんじゃないか。

Ａ――　いや、民族というものは、もともと宗教によって成り立っているものであり、「民族を封《ふう》じ込《こ》める」ということは、「宗教を封じ込める」ということなんですよ。

毛沢東　んー、いやあ、まあ、だから、中国で伝道したかったら、もう、儒教《じゅきょう》でも一《いっ》生懸命《しょうけんめい》に説くことだな。うん。「孔子《こうし》の霊言《れいげん》」だけは入ってくるかもしれないよ［注４］。

国の分裂《ぶんれつ》を恐《おそ》れる中国政府にとって、最も怖《こわ》いものは宗教

Ａ――　要するに、信教の自由、思想の自由を認めることが怖《こわ》いのでしょうか。

毛沢東　「国が分裂《ぶんれつ》する」と言ってるだろうが。分からないのか。

A――　分裂するんですね。

毛沢東　うん。分裂するんだよ。だから……。

A――　そこが弱点ですね。

毛沢東　弱点だ。

A――　中国の？

毛沢東　そうだ。だから、それをさせないようにしなきゃいけない。

A――　宗教が最も怖い？

毛沢東　最も怖い。

まずは南北分裂を避《さ》けなくてはいけない。南部が経済的に発展し、国内で貧富の差が大きくなっているので、不満がたまっており、暴動が頻発《ひんぱつ》している。これに宗教が絡《から》み、宗教の組織がバックボーンとして付いて扇動《せんどう》したら、内戦状態がすぐ起きてくる。せっかくの統一国家が滅びる。「南北に割れ、さらに東西にも割れていく」というかたちで、二分裂か四《よん》分裂になっていく。

これはアメリカや日本の思う壺《つぼ》だろうから、そういうことは絶対にさせないようにしなくてはいけない。やはり、組織力を持っている宗教、カリスマ性のある宗教は、入れてはならない。

A――　ただ、やはり、都市と農村の経済的格差は、大きな問題ではありませんか。

毛沢東　でも、共産主義が残っている以上はだな、その格差は、やがて是正《ぜせい》される運命にあるわけだよ。

A――　民族によっては、弾圧されている民族もあります。

毛沢東　うーん。ま、彼らは幸福になったんだよ。ダライ・ラマが追い出されて、チベットには、中国から高速鉄道が走るようになったんだよ。うん。残った人たちは幸福になった。不遇《ふぐう》をかこっているのはダライ・ラマだけさ。

A――　いや、違《ちが》うと思います。

毛沢東　あんなのインチキだよ。君らも知ってるじゃないか。ダライ・ラマが、死んですぐ生まれ変わったりするわけはないだろうが。あんなインチキな迷信は、早く滅ぼさなくてはいけないんだよ。「仏」っていうのは、やはり、人を救って、はじめて仏なんだろ？　生まれによって仏なんかになりゃしないよ。あんなの、間違ってるに決まってるじゃないか。あれこそ完全な身分制社会じゃないか。

A――　まあ、いずれにせよ、今、中国が抱《かか》えている問題としては、「民族の独立、各自治区の独立による、国家の分裂が怖い」ということですね。

毛沢東　当然。ソ連化することが中国の最大の恐怖《きょうふ》だ。

A――　「そこが最も弱点である」と？

毛沢東　だから、各民族、各自治区で独立運動が起き、国家が分裂してバラバラになり、ウイグル国だとか、チベット国だとか、モンゴル国だとかができたりな。あと、以前、日本が独立させた、大連《だいれん》を中心とする東北部だとか、経済の興隆《こうりゅう》している南部だとか、そういう地域だけが、自由圏《じゆうけん》に入って独立するとかな。

まあ、こういうふうになって、中国自体が、ＥＵのように、「バラバラの国でありながら統一を保つ」という状態に移行すると、次には、国として完全分裂が始まってくるおそれがあるので、やはり、気をつけなければいけない。

毛沢東が嫌《いや》がる「中国封《ふう》じ込《こ》め政策」とは

Ａ――　分かりました。もう一つ、幸福実現党の考え方として、ロシアやインドといった国々と結びついて、中国に対する包囲網《ほういもう》をつくろうとしておりますけれども……。

毛沢東　いや、そういうことをしちゃいけないよ。

Ａ――　なぜ、いけないんですか。

毛沢東　そういうことは陰謀《いんぼう》だっていうんだよ、君。

A――　いや、あなたのほうが陰謀には強いじゃないですか。

毛沢東　国家転覆罪じゃないか。

A――　あなたは国家を転覆させているじゃないですか。

毛沢東　日本人なんか一億人しかいないんだろ？　こっちは十三億人いるんだから、まあ、静かに死んでくれよ。あんたがた、転生輪廻《てんしょうりんね》とか唱えとるんだろ？　まあ、わしゃ、よく知らんがな。

A――　なぜ怖いんですか、その同盟が。

毛沢東　日本が滅亡しても、中国人として受け入れて、どこか辺境の地に入れてやるから、まあ、日本がなくなってもいいいんだよ。

A――　いや、なぜ、そこで強く反応するんですか。ロシアやインドと同盟を組むのは……。

毛沢東　君、言い方に角《かど》があるよ。

A――　すみません。昨日《きのう》もマルクスからそう言われました（笑）。

毛沢東　とっても角がある。もっと丸い人間になりなさい。

A――　はい。ロシアやインドと同盟されるのは嫌《いや》ですか。

毛沢東　ん？

A――　日本とロシア、インド、オーストラリア、こういった国々が同盟を組むのは嫌ですか。

毛沢東　節操がないよな。ロシアなんか、つい、この前まで、仮想敵だったじゃないか。つい、この前まで、仮想敵だったところと組んで、次の仮想敵をつくるなんて、こういうのは、人間として、あまり尊敬できないな。

A――　尊敬というよりも、中国として、有利でしょうか、不利でしょうか。

毛沢東　不利に決まってるじゃないか。何言ってんだよ。

A――　どう不利なのでしょうか。

毛沢東　君ねえ、それは、アメリカが放棄《ほうき》している「中国封《ふう》じ込《こ》め政策」なんだよ、はっきり言えば。「コンテイニング・チャイナ」っていう作戦で、もう、あの大帝国《だいていこく》のアメリカ自身が、「中国封じ込め政策は、ちょっと無理だ」ということで、あれだけの経済力と軍隊を持っているにもかかわらず、あきらめたことなんだ。

このちっぽけな日本が、それをやろうなんていうのは、それは、もう、君ねえ、ネズミがライオンを倒《たお》そうとしているようなものだから、やめたほうがいいよ。

「憲法九条」と「宗教への蔑視《べっし》」がある日本は、牙《きば》を抜《ぬ》かれた猛獣《もうじゅう》

A――　しかし、「日本は怖い」と先ほど言われましたよね。しかも、あなたは、日本の明治維新《いしん》のことを勉強して、中国で革命を起こされましたよね。

毛沢東　まあ、日本は怖いがな。ただ、「憲法九条」と「宗教への蔑視《べっし》」があるかぎりは怖くないよ。

A――　その二点が、中国にとって、勝利の鍵《かぎ》ということですね。

毛沢東　うん。だから、「軍事が使えない」ということと、「宗教を国民が尊敬していない」ということが続くかぎり、日本は、牙《きば》を抜《ぬ》かれた猛獣《もうじゅう》のようなものだな。

A――　日本に防衛の鍵を教えていただきまして、ありがとうございます。

毛沢東　うーん。

［注4］「孔子の霊言」は、『「宇宙の法」入門』（大川隆法著、幸福の科学出版刊）および『大川隆法霊言全集　第15巻』（宗教法人幸福の科学刊）に収録されている。

9　天上界から見た毛沢東の位置づけ

毛沢東は「人類史に遺る偉人《いじん》」か

B――　大川総裁の教えが中国に入っているのはご存じとのことですが、どのように聞かれていますか。また、大川総裁の教えについては、どのようにお考えですか。

毛沢東　まあ、「金儲《かねもう》けのところには使える」というふうには聞いている。ただ、「右翼的《うよくてき》政策をとるかもしれない」ということに対して、いちおう警戒《けいかい》が始まっている。だから、今、危険な宗教かどうかを見分けているところで、中国の公安はマークしている。

B――　使える教えは金儲けのところだけでしょうか。思想的な部分については、どうでしょうか。

毛沢東　ん？

B――　思想的な部分、つまり、宗教的な部分については、どのようにお考えですか。

毛沢東　だから、マルクスを否定するんだったら、それは危険な思想だな。うーん。そらあ、危険な思想だ。この「毛沢東の霊言《れいげん》」も出すんだろ？　毛沢東は九次元にいるって書けばいい。そうしたら仲良くなれるから。な？　嘘でもいい。わしは……。

A――　それはできません。大川総裁の御著書《ごちょしょ》『黄金の法』では、あなたがいる世界は五次元になっています。そこは五次元ではないのですか。

毛沢東　え？　いや、九次元かもしれない。だって、十三億人の帝国《ていこく》をつくったんだよ、君。秦《しん》の始皇帝《しこうてい》は、そらあ、悪政を敷《し》いたけど、わしがつくった帝国は、今、隆々《りゅうりゅう》と発展して、アメリカを抜《ぬ》こうとしているんだよ。その始祖である毛沢東は、もう、それは、モーセよりも偉大でなくてはいけないし……。

A――　あれだけ多くの人が死んで、怨嗟《えんさ》の声が上がってきていませんか。恨《うら》みの念が来ませんか。

毛沢東　いや、何人の人が死んだか、正確な統計なんて、ないんだよ、中国には。

A――　統計はなくても、恨みは残っていますよ。

毛沢東　喜んでいる人も大勢いるんだよ、今、ベンツに乗れて。だから、まあ、良くなったんだよ。

これだけの大帝国の始祖ですから、それは、もう、君、毛沢東は人類史に遺《のこ》る偉人《いじん》だよ。ナポレオンも負けた。ヒトラーも負けた。毛沢東は勝利したんだよ、君。だから、尊敬されるべきなんだよ。

あんな弱い国インドの「独立の父」であるガンジーあたりが大如来《だいにょらい》だとかいう説を、この前、聞いたけれども［注5］、だったら、わしのほうが、ずうっと偉《えら》い。それだったら、わしゃ十次元の存在だ。うん。

A――　では、あなたの思想というものを教えてください。

毛沢東　いやあ、思想を語ったじゃないか、もう、ずいぶん、ずうっと。君、全然、分かってないな。わしが語った……。

A――　あなたは、「戦争では強い」と言っただけであって、思想は語っていないんですよ。

毛沢東　そんなことはないよ。すべて思想を語ったじゃないか。何を言っているんだね。毛沢東思想で全部、中国は成り立ったんだよ。君、何言ってんだ。

イエスが生きているときに、『イエス語録』などを、みなが読んでいたなんてことはないんだよ、君。イエスが死んで何十年もたってから、『聖書』はできたんだよ。

ところが、わしの場合には、わしが生きている間《あいだ》から、『毛沢東語録』を、十億の国民が、みな、手で振《ふ》りかざしもしたし、毎日、読んでもいたんだよ。

まあ、だから、宗教家として見たら、わしは最大の宗教家だ。

A――　あなたの路線を変えてから、中国は経済が発展したのではないんですか。

毛沢東　うーん、いや、それは違《ちが》うよ、君。時代に合わせて、国のありようが変遷《へんせん》するのは、当たり前じゃないか。だから……。

A――　あなたは、当時、鄧小平《とうしょうへい》を封《ふう》じ込《こ》めたのではないですか。

毛沢東　まあ、まあ、まあ、そんな細かいことは言うでない。だから、まあ、はっきり言えば、「マホメットも軍事をやったけれども、わしはマホメットよりも偉大だった」と言いたいんだ。

A――　分かりました。はい。

中国共産党の独裁政権は、金儲《かねもう》けの秘策は使うが、軍事は離《はな》さない

B――　しかし、「経済を開放した」ということは、共産主義の否定になるのではないでしょうか。「資本主義の思想を、一部、取り入れ始めた」と見えるのですが、これについては、いかがでしょうか。

毛沢東　うーん、まあ、まあ、「敵国の研究も、今、やっている」ということだな。

やはり、敵が槍《やり》を使えば、こちらも槍を使う。敵が爆弾《ばくだん》を使えば、こちらも爆弾を使う。敵が原爆を発明すれば、こちらも原爆を開発する。敵が有人の宇宙ロケットを打ち上げれば、こちらも、それを打ち上げる。

だから、向こうが金儲《かねもう》けの秘策を持っていたら、こちらも、それを使う。せっかく秘策があるのに、それを使わないばかはいないわけであるから、使えるものは何でも使う。当たり前のことではないか。

B――　では、「資本主義のほうが優れていれば、資本主義を取り入れる」ということでしょうか。

毛沢東　うーん。まあ、「多少、全体の底上げをしてから、また、平等な共産主義社会をつくる」ということを、今、考えているところだな。うん。

日本でも、「一億総中流」と言われた時期があったんだろうけれども、中国を「十三億総中流社会」にまで持っていきたいとは思っておる。

B――　しかし、日本には、共産党の独裁政権というものは存在しません。

毛沢東　日本共産党と中国共産党とは仲が悪いんだよ。君、知ってるかい？

B――　仲が悪いんですか。

毛沢東　知らないのか。決別してるんだよ。日本共産党と中国共産党とは違うんだよ。日本共産党は、表向き、平和主義者だろ？　中国共産党は、そんなことはない。軍事独裁だよ。

日本共産党は、生き残るために、中国共産党とは違うようなふりをして、裏切った。「われらは平和主義であり、憲法九条を断固護《まも》る」なんて言ってこなかったら、日本共産党は、もう、なくなっているはずだよ。彼らは、そういう、かたちの上での平和を愛する人たちの票を取っているんだよ。

中国人はリアリストだからな。だから、軍事は離さないよ。一党独裁、ええ、完全軍事独裁です。

中国から見て、「カリスマ性のある怖《こわ》い人物」とは

A――　では、中国共産党と仲のいい政治家は誰《だれ》なんでしょう。

毛沢東　中国共産党と仲のいい政治家？

A――　「日本の政治家で」ということです。

毛沢東　うーん。まあ、ズバリ仲のいい政治家はいないけれども、ま、橋渡《はしわた》しをしたのは田中角栄《たなかかくえい》だし、宗教家では池田大作《いけだだいさく》だなあ。

A――　現時点での政治家のなかで、有力な方はいますか。

毛沢東　うーん。「左」には人材が少ないからなあ、日本ではねえ。まあ、朝日新聞あたりに後押《あとお》しを受けるような政治家だな。だから、まあ、加藤紘一《かとうこういち》とか、そのあたりが総理になっとれば、あるいは中国にとって良かったのかもしらんがな。

まあ、鳩山《はとやま》でもいいよ。うん。鳩山でも、十分、使える。小沢一郎も、まあ、使えなくはないな。うん。でも、ずば抜けて優れた者は今のところいない。共産党にいるわけでもなく、社会党はなくなっているし、社民党は女党首が少しやっているだけだけれども、日本の国をリードできるとは思えないな。うん。

A――　最も嫌《きら》いなタイプの政治家には、今、どういう方がいますか。

毛沢東　嫌いなタイプの政治家というほどの大物政治家は、今、日本には、いないな。みな凡庸《ぼんよう》な政治家で、「どんぐりの背比《せいくら》べ」の状態であり、仲間割ればっかりしておる。こんなのは、今のところ、中国から見て、なんにも怖くない。

ただ、一部、聞いたところによると、うーん、「大川隆法っていうのは、政治家になったら怖い」とは言われているな。うーん。みんな、「これは、カリスマになるので怖い」と言っている。「あとの日本の政治家にはカリスマ性がないので大丈夫《だいじょうぶ》だけれども、これは、十分、神様になるので、怖い」とは、みんなが言っている。

「今、日本の天皇制が没落《ぼつらく》し、天皇は、人間宣言をしているために、生き神様、現《あら》人神《ひとがみ》ではなくなって、権威《けんい》がすごく落ち、求心力がないので、もし、これに代わるものになった場合には怖い」とは言われている。

まあ、その意味では、早く死んでくれることを、みなで祈《いの》っている。

これは、ここで言うのは、まずいことだったかな？

まあ、わしの次元を上げといてくれ。そうしたら……。

B――　それは、できません。

毛沢東　できない？

B――　「五次元」ということです（会場笑）。

毛沢東からの最後のメッセージ

B――　それでは、時間も長引いてまいりましたので、最後に、何か言い残したことは、ございますでしょうか。

毛沢東　ん、わしか？　まあ、中国と仲良うせい。

宗教は、マルクスさんも言っているように、基本的には麻薬《まやく》だ。麻薬は取り締《し》まらねばならない。麻薬を密輸したものは、やはり死刑《しけい》だ。同じく、宗教を密輸した者は死刑である。

幸福の科学は中国伝道をするでない。中国伝道をすると、殉教者《じゅんきょうしゃ》を次々と出すことになる。だから、中国から手を引きなさい。手を引かないつもりであるならば、中国寄りの政策を打ち出しなさい。そして、幸福実現党をやめなさい。あれをやめて、政策的には中国を批判するようなことを言わない。これが大事なことである。

そして、「マルクスが地獄《じごく》の無意識界にいた」とかいうことについては、「あとがき」で、「これは冗談《じょうだん》でした。エイプリルフールに録《と》ったものです」と書け！　それが大事だ。

B――　非常に恐《おそ》ろしい考え方ですね。
では、以上で終了させていただきます。本日は、ありがとうございました。

大川隆法　こういうことでした。マルクスとは違い、ある程度は、現在の政治状況《じょうきょう》を知っているようですね。中国の政治の一部を指導しているのではないでしょうか。

ただ、経済面のほうは、どうも疎《うと》いようなので、これについては、今、鄧小平の霊が指導しているのかな？　経済面は、たぶん鄧小平で、政治面は、こちらがまだ握《にぎ》っている面は、一部あるようですね。

Ａ――　そうですね。

大川隆法　うーん。いや、なかなか大変ですね。ただ、これで、マルクスと毛沢東の霊言を出したならば、ある程度、意味はあるでしょうね。

［注５］九次元存在の一人であるマヌは、二〇一〇年二月二十八日に公開収録された霊言「レムリアの真実」において、自らの分身（魂《たましい》の兄弟）がガンジーとして転生《てんしょう》していたことを明らかにした。

あとがき

本書は世にも不思議な本ではあるが、創作ではないことは事実である。こんな世界が本当にあるのだ。そして世界の半分を赤色に染め上げたマルクスの思想に対する神仏の判定が明らかになったのである。

毛沢東《もうたくとう》は、抗日の英雄として尊敬されていることが功《こう》を奏《そう》して、かろうじて天上界にはいる。しかし、中国の現代の政治指導部を霊界から指導し、対日戦略にもインスピレーションを与えていると思われる。

マスコミ人も、日本の将来を憂《うれ》える人も、必読の書であるといえよう。

二〇一〇年　五月十三日

幸福《こうふく》の科学《かがく》グループ創始者兼総裁《そうししゃけんそうさい》　大川隆法《おおかわりゅうほう》

『マルクス・毛沢東のスピリチュアル・メッセージ』大川隆法著作関連書籍

『黄金の法』（幸福の科学出版刊）
『幸福実現党宣言』（同右）
『政治の理想について』（同右）
『日米安保クライシス』（同右）
『常勝思考』（同右）

マルクス・毛沢東《もうたくとう》のスピリチュアル・メッセージ
――衝撃の真実――

2010年6月7日　初版第1刷

著　者　　大川《おおかわ》隆《りゅう》法《ほう》

発行所　幸福の科学出版株式会社

〒142-0041 東京都品川区戸越1丁目6番7号
TEL(03)6384-3777
http://www.irhpress.co.jp/

印刷・製本　株式会社 堀内印刷所

落丁・乱丁本はおとりかえいたします

ISBN978-4-86395-046-7 C0030
Photo: Everett Collection / アフロ

大川隆法ベストセラーズ・新しい国づくりのために

宗教立国の精神

この国に精神的主柱を

なぜ国家には宗教が必要なのか？　政教分離をどう考えるべきか？　宗教が政治活動に進出するにあたっての、決意表明の書。

第一部　なぜ政治に進出したのか
- 第１章　天命を信じよ
- 第２章　悟りと政治の関係
- 第３章　愛と成功

第二部　宗教を背骨とした国づくりを
- 第４章　仏の教えと時代性
- 第５章　宗教立国の精神
- 第６章　千年王国の理想について

第三部　今こそ、真なる精神革命のとき
- 第７章　法輪転じる時は今
- 第８章　不屈の精神を磨く
- 最終章　必勝の精神

2,000円

危機に立つ日本

国難打破から未来創造へ

2009年「政権交代」が及ぼす国難の正体と、現政権の根本にある思想的な誤りを克明に描き出す。未来のための警鐘を鳴らし、希望への道筋を掲げた一書。

- 第１章　国難選挙と逆転思考
- 第２章　危機の中の経営
- 第３章　危機に立つ日本
- 第４章　日本沈没を防ぐために
- 第５章　世を照らす光となれ

1,400円

※表示価格は本体価格（税別）です。

大川隆法ベストセラーズ・霊言シリーズ

マッカーサー 戦後65年目の証言

マッカーサー・吉田茂・山本五十六・鳩山一郎の霊言

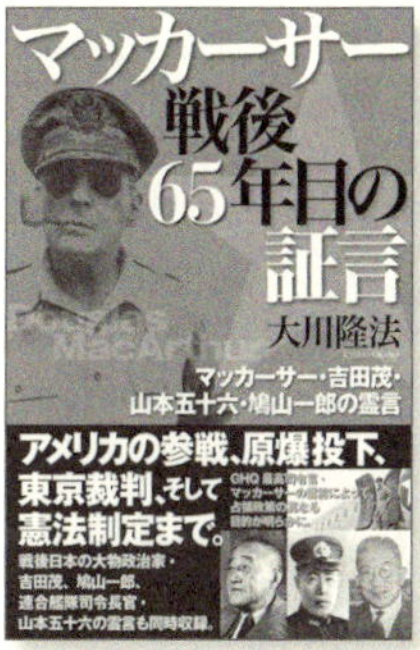

GHQ最高司令官・マッカーサーの霊によって、占領政策の真なる目的が明かされる。日本の大物政治家、連合艦隊司令長官の霊言も収録。

1,200円

日米安保クライシス

丸山眞男 vs. 岸信介

「60年安保」を闘った、政治学者・丸山眞男と元首相・岸信介による霊言対決。二人の死後の行方に審判がくだる。

1,200円

民主党亡国論

金丸信・大久保利通・チャーチルの霊言

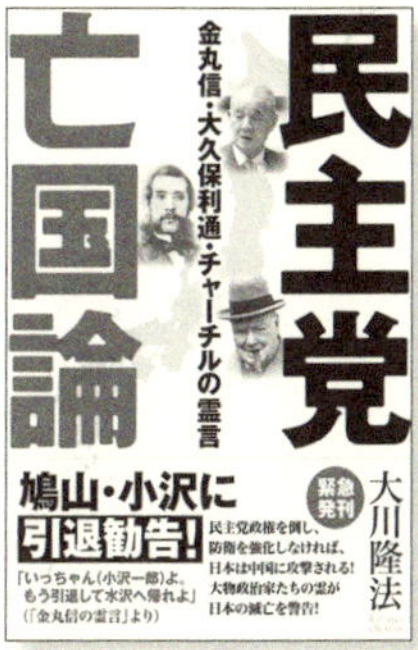

三人の大物政治家の霊が、現・与党を厳しく批判する。危機意識の不足する、マスコミや国民に目覚めを与える一書。

1,200円

幸福の科学出版

幸福の科学

あなたに幸福を、地球にユートピアを――
宗教法人「幸福の科学」は、
この世とあの世を貫く幸福を目指しています。

幸福の科学は、仏法真理《ぶっぽうしんり》に基づいて、まず自分自身が幸福になり、その幸福を、家庭に、地域に、国家に、そして世界に広げていくために創られた宗教です。

「愛とは与えるものである」「苦難・困難は魂を磨く砥石《といし》である」といった真理を知るだけでも、悩みや苦しみを解決する糸口がつかめ、幸福への一歩を踏み出すことができるでしょう。

この仏法真理を説かれている方が、大川隆法総裁です。かつてインドに釈尊《しゃくそん》として、ギリシャにヘルメスとして生まれ、人類を導かれてきた存在、主エル・カンターレが、現代の日本に下生《げしょう》され、救世の法を説かれているのです。

主を信じる人は、どなたでも幸福の科学に入会することができます。あなたも幸福の科学に集い、本当の幸福を見つけてみませんか。

幸福の科学の活動

●全国および海外各地の精舎《しょうじゃ》、支部・拠点などで、大川隆法総裁の御法話拝聴会、祈願や研修などを開催しています。

●精舎は、日常の喧騒《けんそう》を離れた「聖なる空間」です。心を深く見つめることで、疲れた心身をリフレッシュすることができます。

●支部・拠点は「心の広場」です。さまざまな世代や職業の方が集まり、心の交流を行いながら、仏法真理を学んでいます。

幸福の科学入会のご案内

◆精舎、支部・拠点・布教所にて、入会式にのぞみます。入会された方には、経典《きょうてん》「入会版『正心法語《しょうしんほうご》』」が授与されます。

◆仏弟子としてさらに信仰を深めたい方は、三帰誓願式《さんきせいがんしき》を受けることができます。三帰誓願式とは、仏・法・僧の三宝《さんぼう》への帰依《きえ》を誓う儀式です。

◆お申し込み方法等は、最寄りの精舎、支部・拠点・布教所、または左記までお問い合わせください。

幸福の科学サービスセンター

TEL 03-5793-1727

受付時間
火～金：一〇時～二〇時
土・日：一〇時～一八時

大川隆法総裁の法話が掲載された、幸福の科学の小冊子（毎月１回発行）

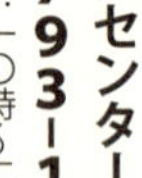

月刊「幸福の科学」
幸福の科学の
教えと活動がわかる
総合情報誌

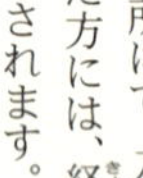

「ザ・伝道」
涙と感動の
幸福体験談

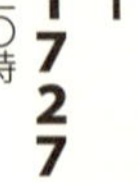

「ヘルメス・エンゼルズ」
親子で読んで
いっしょに成長する
心の教育誌

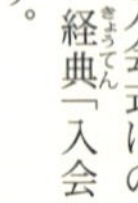

「ヤング・ブッダ」
学生・青年向け
ほんとうの自分
探究マガジン

幸福の科学の精舎、支部・拠点に用意しております。詳細については下記の電話番号までお問い合わせください。

TEL 03-5793-1727

宗教法人 幸福の科学 ホームページ **http://www.kofuku-no-kagaku.or.jp/**